마음과 행복

차례

01   행복에 관한 보고서   005

02   마음-나는 누구?   015

03   선명상-내면의 자아   031

04   감사-불행을 행복으로 바꾸는 지름길   043

05   정직-자신감의 열쇠   053

06   몰입-직관의 힘   061

07 경청-행복한 관계의 확장 071

08 이해-시련 속에서 마음 치유하기 081

09 마음공부1-행복실천 유무념 093

10 마음공부2-행복실천 마음일기 101

11 용서-다시 사랑할 수 있는 힘 115

12 인생설계-행복한 인생 마스터플랜 123

■ 생각 ▶ 활동 ● 이야기 ★ 알아두기 ◆ 과제

01

행복에 관한 보고서

돈이 좀 부족해도,
높은 지위에 오르지 못해도,
마음이 즐겁고 평안하다면 그것이 행복인 것이다.
그래서
'이유없이 행복하라'고 하는 것이다.

■ **생각 ❶** 행복이란 무엇일까?

■ **생각 ❷** 행복하기 위해 꼭 있어야할 것이 있다면 무엇일까?

▶ **활동 ❶** 내 삶의 강렬한 10대 사건

번호	사건제목	나이	감정척도
1			
2			
3			
4			
5			
6			
7			
8			
9			
10			

▶ **활동 ❷** 가장 불행했던 그리고 가장 행복했던 사건

가장 불행했던 사건	가장 행복했던 사건

● 이야기 ❶ 미다스의 손과 행복의 조건

우리는 흔히 사업계에서 무엇이든지 손만 대면 성공하는 사람을 일컬어 '미다스의 손(Midas Touch)'을 지녔다고 칭송한다. 미다스란 그리스 신화에 등장하는 사람으로 디오니소스 신의 친구이자 숲의 신인 실레노스를 사로잡았으나 매우 친절하게 대해주어 디오니소스가 그 보답으로 그의 소원을 하나 들어주겠다고 했다. 미다스는 평소에 부자가 되면 행복해질거라 생각하여 만지는 것은 무엇이든지 황금으로 변하게 해달라고 간청했다.

처음에는 무엇이든지 황금으로 변하여 매우 기분이 좋았다. 그런데 그가 손대는 음식과 포도주가 황금으로 변하고, 결국 사랑하는 딸마저 황금상으로 변해버렸다. 그때서야 황금이 행복을 가져다주는 것이 아님을 깨닫게 되었지만 그는 세상에서 가장 불행한 사람이 되고 말았다.

이런 미다스의 손이 성공의 대명사가 되었다는 점은 여전히 황금에 대한 동경일까? 그러나 황금이 정말 행복을 가져다주는 것일까? 미다스는 이렇게 절규했다고 한다.

· 내가 원한 것은 황금이 아닙니다. 나의 딸 메리의 생명을 돌려주십시오.
· 내가 원한 것은 황금이 아닙니다. 한 모금의 물입니다.
· 내가 원한 것은 황금이 아닙니다. 지나간 시절 친구들과의 우정입니다.

한국갤럽조사에 의하면 한국인이 생각하는 행복의 조건 3순위에 젊음, 부유함, 교육이 자리하고 있다고 한다. 이 세 가지를 위해 많은 돈이 꼭 필요하다고 생각한다. 이런 욕망이 어느 정도 행복으로 안내해주는 것 같으나 어느 선을 넘어선 순간 불행의 나락에 떨어져 있음을 깨닫게 된다. 마치 미다스처럼.

★ 알아두기 ❶ 이유없이 행복하라

행복의 조건을 생각하기 전에 우리는 행복의 의미에 대해 먼저 성찰해야 한다. 행복하다는 것은 마음이 즐거운 상태이고 그렇게 즐거운 상태를 가져오는 요인들을 행복의 조건이라 볼 수 있다. 행복의 조건은 조건일 뿐 행복 그 자체가 될 수 없다. 결국 행복에 대해 가장 쉽게 정의하면 '마음이 즐거운 상태'이다.

다시 말해 즐거운 마음이 행복인 것이다. 따라서 돈이 좀 부족해도, 높은 지위에 오르지 못해도 마음이 즐겁고 평안하다면 그것이 행복이다. 그래서 '이유없이 행복하라'고 하는 것이다. 이유가 있어야만 행복하다면 그 이유를 찾기 위해 무수한 고통과 불행이 찾아오기 때문이다.

● 이야기 ❷ 프레임! 관점을 바꾸어보자

위의 그림은 무엇으로 보일까? 그들의 답을 통해 그들의 관심분야가 무엇인지 알 수 있다.

'덧셈기호다'
'십자가다'
'사거리로 된 교차로다'
'병원을 상징한다.'

모두 정답이다. 자신의 위치와 상황에 따라 생각하기 때문이다. 어떤 위치이든 상황이든 그에 따라 바라보는 것을 프레임 즉 관점의 태도라고 한다. 그 태도에 따라 때론 행복하기도 때론 불행하기도 하는 것이 인간의 속성이다. 미국의 윌리엄 제임스라(William James, 1842~1910)는 철학자는 "인류가 발견한 최고의 깨달음은, 인간은 태도를 바꿈으로 말미암아 자신의 인생을 바꿀 수 있다는 것이다."라고 말했다. 태도를 바꾼다는 것은 삶이라는 인생을 바라보는 견해나 관점을 바꾼다는 것이다. 이를 심리학에서는 프레임(Frame)이라 부른다.

어떤 프레임을 가지고 있냐에 따라서 세상을 부정적으로 바라보기도 하고, 긍정적으로 바라보기도 한다. 어떤 이는 매우 희망적인 요소까지 부정적으로 바라보는 것은 부정의 프레임을 가지고 있기 때문이며, 어떤 이는 절망적인 요소까지 긍정적으로 바라보는 것은 긍정의 프레임을 가지고 있기 때문이다.

★ 알아두기 ❷ 두 개의 수도꼭지 원리

저마다 마음 속에 두 개의 수도꼭지를 지니고 있다. 찬물이 나오는 수도꼭지와 따뜻한 물이 나오는 수도꼭지이다. 찬물이 나오는 수도꼭지를 잠근다고 해서 따뜻한 물이 나오는 것은 아니다. 따뜻한 물이 나오는 수도꼭지를 열어야 되는데 우리는 꼭꼭 잠가두고 찬물만 나온다고 원망하고 있다.

이를 심리학에서는 긍정심리학(positive psychology) 또는 행복경제학(happiness economics)이라 부르고 있다. 의도적으로 따뜻한 수도꼭지를 열듯이 마음의 긍정적인 요소를 찾아내자. 어쩌면 행복은 성적순이 아닌 각자 각자가 연습하기에 달려있다.

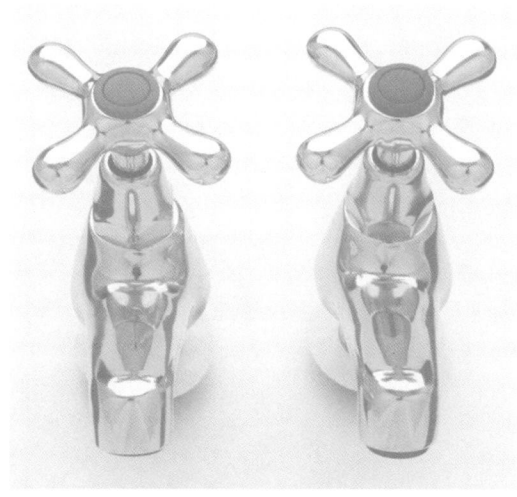

● 이야기 ❸ 非해피를 Be해피로

행복학자들은 그 삶의 여정에서 가장 중요한 요소로 '원만한 대인관계'를 꼽았다. 2002년 긍정심리학으로 유명한 마틴 셀리그먼(Martin Seligman)과 에드 디너(Ed Diener)는 행복한 사람들의 생활 방식과 성격에 대한 연구를 수행했다. 연구 결과, 조사 대상의 10%는 우울증의 증세가 거의 없었고 높은 수치의 행복감을 보였다.

이들은 다른 사람들과 현저히 다른 점이 있었는데, 바로 폭넓고 깊은 대인관계였다. 그들은 가족은 물론 친구와도 강한 연대감을 형성했으며 혼자 있는 시간이 적었다. 이에 대해 에드 디너는 '행복해지기 위해선 친밀한 인간관계를 쌓을 수 있는 기술을 배울 필요가 있다'고 강조했다.

행복학자들은 흔하지만 가장 중요한 방법으로 '일상에 감사하라'고 조언하고 있다. 특히 심리학자 소냐 류보머스키(Sonja Lyubomirsky)는 일주일에 한 번 시간을 내 감사한 일을 적는 '감사 일기장'을 추천했는데, 이후 약 6주 정도가 지나면서 인생의 만족도를 높이는 효과가 있음이 밝혀졌다.

어찌되었든 행복은 누구나 추구하고자 하는 삶의 중요한 요소 가운데 하나다. 헌법에도 명시된 행복추구권은 국가도 간섭할 수 없는 개인의 권리다. 그런데 그 행복의 추구가 바른 길로 가지 못하면서 오히려 불행을 야기하는 현대인들의 모습은 안타깝기 그지없다. 이 강의를 통해 행복에 이르는 다양한 길을 찾아보자.

◆ **과제 ❶** 내 인생의 행복과 불행 그래프

◆ **과제 ❷** 행복해지고자 하는 나만의 노력

02

마음 - 나는 누구?

ⓒ 오건호작 「자아찾기」

누가 나에게 행복과 불행을 주는 것이 아니라
순전히 본인에게 있으며,
그리고 이를 인정한다면
마음을 작용하는 주체는 바로 나라는 사실을 발견하고
'모든 것은 내 마음과 그 마음을 쓰는 나에게 달려있다'라는 사실을
깨닫게 된다.

■ **생각 ❶** 내가 생각하는 나는 어떤 사람일까?

■ **생각 ❷** 내 주변에서는 나를 어떤 사람으로 바라보고 있을까?

▶ 활동 ❶ 참나 명상

항상 대상에 대해 생각하는 마음은
바로 그 대상의 모습이 된다.

항상 화를 내는 마음은
분노하는 불이 되고 만다.

항상 욕심을 내는 마음은
끊임없이 갈구하고 목말라하게 된다.

환영을 그리는 마음은
환영의 우물속에 떨어지고 만다.

지고의 존재에 늘 의지하는 마음은
결국 지고의 존재가 된다.

지금 이 순간 모든 분별과 주착을 내려놓으면
참 나의 모습이 있는 그대로 발현될 것이다.

내 안의 참나를 찾아 바른 본성을 생각하면
참된 참나의 성품이 발현되는 것이다.

내안의 바른 소리에 귀기울여보라.
눈이 뜨이고 귀가 열리며 지혜가 샘솟을 것이다.

이야기 ❶ 자아와 마음

우리가 자아와 타자를 구분하는 첫 번째 기준은 마음의 인식에 있다. 인류는 동서양을 막론하고 마음의 근원과 구조를 밝힘으로써 자아의식이 어떻게 형성되는지에 대해 관심을 가져왔고, 점차 행복한 삶을 추구하기 위해 자아에 대한 밀도 있는 탐구가 이루어졌다.

서양에 있어서는 근대 이후 마음의 문제에 대한 과학적 접근이 활발해졌는데, 프로이트(Sigmund Preud)와 융(C. C. Jung)에 의한 분석심리학(Analytical Psychology)이 유명하다. 분석심리학은 마음을 의식과 무의식의 구조로 이해함으로써 심층심리학의 길을 열었다. 특히 자아를 의식에 중심에 두고, 자아실현을 위해서는 무의식을 의식화하려는 노력이 필요하다고 보았다.

이 보다 앞서 동양에서는 이미 4세기 경 불교유식학(佛敎唯識學)이라는 방대하고도 세밀한 사상이 완성되었다. 불교는 기본적으로 '이고득락(離苦得樂)'의 방법을 제시함에 있어서 인간의 고통은 근원적으로 마음의 무지와 욕망에서 오는 것임을 지적하고 마음에 대한 세밀한 연구와 수행방법을 제시하였다. 특히 유식학은 마음을 구조적으로 이해함으로써 일상의식에 의한 마음작용이 심층의 마음과 상호관계 속에서 형성되는 것임을 파악하고 마음의 고통을 야기하는 원인으로써 자아에 대한 잘못된 의식과 그 무지로부터 비롯된 욕망을 내려놓음으로써 심층의 본래 마음을 회복하고 고통에서 근원적으로 벗어나야 한다고 하였다.

분석심리학과 불교유식학은 비록 '자아의 실현'(무의식의 의식화 과정)과 '자아의 해체'(불교의 경우 자아란 임시적 존재로서 현상적 자아를 인정할 수는 있지만, 실체적 자아를 인정할 수는 없다는 무아설(無我說)의 입장을 취함)라는 서로 다른 강조점이 있긴 하지만, 마음에 대한 구조적인 관찰과 더불어 심층의식에 대한 탐구를 통해 표층의식에 대한 이해의 폭을 넓혔다는 점에서 큰 의의가 있다고 할 수 있다.

★ 알아두기 ❶ 프로이트의 정신분석학과 융의 분석심리학

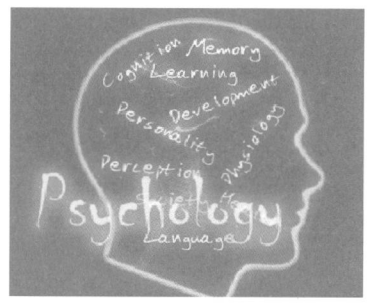

서양심리학의 시초는 19세기 중반 영혼에 대한 인식론도 과학적 방법을 취해야 한다는 요구에 의해 등장했고 결국, 독일의 분트(Wilhelm Wundt)라는 학자에 의해서 실험심리학이 탄생했다. 오늘날과 같은 현대 심리학은 프로이트의 정신분석학(Psychoanalysis)와 칼 융의 분석심리학(Analytical Psychology)에 의해 획기적으로 발전되었다고 할 수 있다. 그들에 의해 의식의 구조에 대한 체계적 접근이 시작되었고, 의식의 배후에서 의식에 지대한 영향을 미치는 것으로서 무의식이라는 새로운 영역을 밝혀냈다.

프로이트는 인간의 마음을 본능(Id), 자아(Ego), 초자아(Super ego)로 구성된 구조적인 형태로 이해하였다. 인간을 본능(이기적 욕망)의 존재로 보고 그 욕망이 충족되지 못하면 온전한 인간으로 성장할 수 없다고 보아 욕망의 충족이 자아형성에 매우 지대한 영향을 미친다는 것을 밝혀냈다. 프로이트의 정신분석학을 이은 칼 융은 역시 인간의 마음을 의식과 무의식의 구조로 이해했지만, 욕망의 충족에 관한 문제보다는 인간의 무의식의 연구에 몰두하여 분석심리학이라는 독자적인 학문을 펼쳤다.

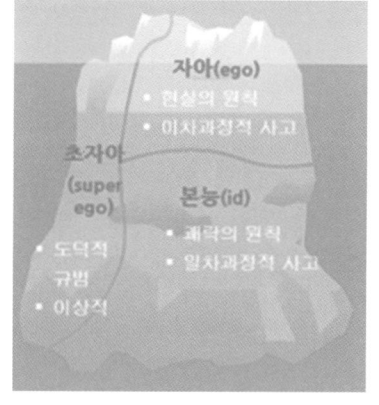

〈프로이트의 정신분석학 모형〉

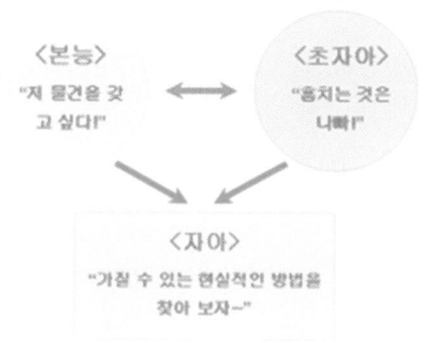

융은 인간의 마음을 바라볼 때, 우선 의식(the consciousness)의 영역의 중심에 '자아(Ego)'를 두었다. '자아'가 없는 정신은 있을 수 없는 것이다. 그리고 이 자아에 속하지 않는 정신세계를 무의식(the unconsciousness)이라 부른다. 자아는 외계(external world)와 관계를 맺는 한편 내계(internal world)와도 관계를 맺는다. 자아는 외계와의 관계에서 외적 인격이 형성되는데, 이처럼 외계의 어떤 집단이 개인에게 준 역할, 의무, 약속, 그 밖의 행동양식을 '페르소나(Persona, 가면)'라 부른다. 이 외적 인격에 대응하여 내계에 관계하는 인격을 내적 인격이라 하는데, 이는 자아로 하여금 무의식으로 눈을 돌리게 하는 역할을 한다. 이 중 남성의 내적 인격을 아니마(Anima), 여성의 내적 인격을 아니무스(Animus)라고 구분한다.

이처럼 융은 프로이트가 초기에 생각했던 것처럼, 무의식을 의식으로부터 억압되어 생긴 것으로만 구성된 것이 아니라, 개인의 출생 이후의 특수한 경험을 바탕으로 이루어져 개인에 따라 서로 다르게 나타나는 '개인적 무의식'과 선천적으로 존재하고 시간과 공간을 초월해서 모든 인간에게 보편적인 성격을 띠고 있는 '집단적 무의식'을 구분하고 있다. 또한 융은 무의식의 의식화 과정을 통해 자기를 실현할 수 있다고 하였는데, 먼저 자아의식의 무의식적 부분이라 할 수 있는 '그림자'를 의식화하고, 이후에는 아니마, 아니무스의 의식화를 통해 자기실현을 하게 된다고 하였다. 특히 그 사람으로 하여금 그 사람이 되게끔 하는 인간의 무의식에 존재하는 근원적 가능성을 '자기원형'이라 하는데, '자기실현'은 이러한 가능성을 자아의식이 받아들여 실천에 옮기는 능동적 행위라고 하였다.

인간의 행과 불행도 자기원형에 의지하여 자기실현을 하려는 노력에 의해 좌우된다고 할 수 있다. 유난히 행복해하는 사람도 유난히 불행해 하는 사람도 그것은 의식을 통해 무의식에 쌓이고 쌓인 결과물이다. 반면에 그것을 벗어나는 단초도 바로 무의식을 기반으로 하는 자아에 대한 탐구를 통해 자기원형의 긍정적 가능성을 회복하는 자기실현의 과정에 의해서 가능하게 되는 것이다.

최근 심리학의 경향에서도 정신분열 등 불행의 측면에 몰두하기 보다는 긍정적인 측면으로서 행복의 측면에 더욱 큰 관심을 가져가고 있다. 특히 마틴 셀리그만에 의해 부정적인 측면에서 긍정적인 측면으로 자아를 가꾸어나가는 것으로 연습을 통해 행복해지자는 연구가 진행되고 있는데, 이런 학문을 행복심리학 또는 긍정심리학이라 부른다.

행복, 리즈호가드, 예담출판사, 2006

★ 알아두기 ❷ 불교유식학의 일체유심조

'일체유심조(一切唯心造)'는 불교유식학의 핵심 주제라 할 수 있다. 이는 '모든 것은 마음에 달려있다'라는 뜻을 지니고 있으며, 모든 것이 조건[緣]에 따라 만들어진다는 불교의 전통적인 인과관계론인 연기설(緣起說)에 따른 설명이라 할 수 있다. 쉽게 말하면 불행한 일도, 행복한 일도 모두 자신이 만들어간다는 것이다.

앞서 프로이트와 융이 사람의 정신 혹은 마음을 의식과 무의식으로 구분하고, 더 나아가 '본능-자아-초자아' 혹은 '개인적 무의식', '집단적 무의식' 등 구조적인 이해를 시도했는데, 일찍이 불교유식학에서도 명상수행자들에 의한 자아성찰을 통해 마음의 구조에 대한 깊이 있는 통찰을 제시한 바 있다.

불교유식학에서는 인간의 의식을 총 여덟 가지로 구분하여 이해했는데, 안·이·비·설·신(五根), 즉 눈·귀·코·혀·몸이라는 인식기관(감각기관)을 통해 인식대상(색·성·향·미·촉 등의 五境)을 직접 느끼는 5식, 이 감각기관을 총섭하고 이를 지각하는 제6식(일상의식), 제6식의 이면에서 6식에 의해 수집된 정보를 자기가 원하는 방향으로 편집하고 재구성하는 제7식(말나식, 자아의식), 그리고 일상의식과 자아의식 등 전칠식(前七識)의 인식 결과를 모두 저장(熏習)하여 성숙(異熟)시키고 다시 발현(現行)시킴으로써 인간과 세계에 끊임없는 생명력을 제공하는 역할을 하는 심층의식인 제8식(아뢰야식)으로 파악하였다.

이처럼 유식학이 마음의 구조를 일상의식인 제6식을 비롯하여 전칠식과 함께 이를 심층의식인 제8식과의 관계 속에서 파악한 것은 앞서 분석심리학이 마음을 의식(일상의식, 자아의식)과 무의식(심층의식)의 구조로 이해했다는 점과 유사한 점이 없지 않다.

이들 이론에 따르면, 자아라는 것은 선천적으로 타고난 본래의 마음과 주변의 환경과 상호작용하며 이루어진 심리적 활동의 총체적 결과라는 것이다. 그리고 그 활동하는 과정은 감각적인 측면뿐만 아니라 일상의식으로는 미처 인식하지 못하는 내면의 깊은 무의식 또는 심층의식(아뢰야식)까지 포함된 것이다.

다만 분석심리학이 자아의 실현을 무의식을 의식화하는 과정으로 이해한 반면에 불교유식학은 자아의 해체, 즉 제6식(일상의식)과 제7식(자아의식)에 의해 형성된 자아라는 것은 어떠한 실체를 가진 것이 아니며, 항상 조건에 따라 재구성되는 무상(無常)한 존재임을 자각하라는 입장에서이다. 이는 불교전통의 '무아설'과 '연기설'의 측면에서 자아와 의식의 문제를 접근함으로써 자아에 대한 집착과 잘못된 견해를 타파함으로써 그로부터 비롯된 욕망과 이기적 행동에서 벗어나도록 하자는 것이다. 하지만 불교유식학에서 말하는 자아의 해체도 또한 거짓된 자아, 조건에 따라 구성된 자아에 대한 집착을 내려놓고 심층의식의 회복을 통해 참다운 행복을 실현하고자 한다는 점에서 보면, 자아원형의 긍정적 가능성을 의식화함으로써 자아실현을 하고자 했던 분석심리학의 취지와 서로 통하는 면이 없지 않다.

이상에서 살펴본 바에 따르면, 자아를 탐구한다는 것은 드러난 표면의식이나 일상의식과 더불어 드러나지 않은 잠재의식, 심층의식까지도 그 대상이 되어야 하며, 그러한 잠재의식에 대한 발견과 그 긍정적 가능성을 확장해감으로써 자아의 실현과 자아의 해체를 통해 참다운 행복을 실현할 수 있도록 그 길을 제시하고 것임을 알 수 있다.

● **이야기 ❷** 내가 알고 있는 나, 내가 알지 못했던 나

우리가 흔히 '나'라고 인식하는 것은 분석심리학에서 말하는 이기적 욕망(본능)에 의한 자아이며, 불교유식학에서 말하는 자아에 대한 집착에 의한 자아의식(제7식)이다. 나에 대한 이러한 표면적인 인식은 마음의 구조에서 볼 때, 무의식과 심층의식(제8식)의 존재와 작용을 잘 알지 못하는데 기인한다고 할 수 있다.

사실 일상적인 나의 마음작용은 보통의 의식으로는 인식할 수 없는 저 깊은 곳에 있는 무의식이나 심층의식에 더욱 좌우되고 있는데도 말이다. 따라서 내 마음은 단순히 나타난 측면만 가지고 모든 것을 판단해서는 안 된다는 점에서 서양심리학이나 불교유식학이나 공통의 입장을 견지하고 있다. 그런 점에서 우리는 무의식이나 심층의식에 잠재된 경향을 찾으려 노력할 필요가 있다.

우리가 흔히 사용하는 자아탐구의 도구는 의식에 드러난 행동양식을 통해 무의식이나 심층의식의 잠재된 경향을 찾는 것이다. 무의식을 완벽히 이해할 수는 없지만 그래도 자신의 성향을 찾아냄으로써 자신에 대한 이해를 시도할 수 있다는 점에서 의미가 있다. 그동안 스스로 알고 있던 나를 넘어 알지 못했던 나에 대해 찾아냄으로써 부정적 요소는 제거하고 긍정적 요소를 채우는 바탕이 되는 것이다.

결국 누가 나에게 행복과 불행을 주는 것이 아니라 자기 스스로가 자신의 행복과 불행을 결정할 수 있다는 이치를 인정하게 된다면, 그 과정에서 마음을 작용하는 주체가 바로 나라는 사실을 발견하고 '모든 것은 내 마음과 그 마음을 쓰는 나에게 달려있다'라는 사실을 깨닫게 된다. 더 나아가 행복해지려는 노력을 해야만 행복해질 거라는 사실까지 깨닫게 되는 것이다. 그러므로 행복하기 위해서는 반드시 그에 상응하는 자아성찰과 마음공부의 훈련이 필요함을 알아야 한다.

● 이야기 ❸ 『레미제라블』장발장과 마들렌

『레미제라블』의 주인공 장발장은 빵 한 조각을 훔쳤다는 이유로 19년 동안 감옥 생활을 한다. 출소 후 친절한 신부의 도움으로 성당에서 하룻밤 머물게 된다. 그러나 살 길이 막막했던 장발장은 성당의 물건을 훔쳐서 달아나지만 경찰에 붙잡히고 만다.

장발장을 붙잡은 쟈베르 경감은 성당에 찾아와 이게 도둑맞은 물건이 맞느냐고 묻는다. 하지만 신부는 자신이 장발장에게 준 선물이라며 오히려 은촛대까지 내준다. 이로 인해 장발장은 끔찍한 교도소로 돌아가지 않을 수 있게 된다. 그는 신부의 고마운 행동을 돌이켜보며 자신에 대해 고심하기 시작한다.

"물건을 훔친 나를 왜 믿어줬을까? 왜 나를 고발해서 감옥으로 보내지 않았을까? 나는 앞으로도 이렇게 도둑질을 하면서 살아가야만 하는 걸까? 내 삶의 의미는 무엇일까? 올바르게 살기 위해서 나는 무엇을 해야 하는가? 어떤 행동이 내 삶에 변화를 불러올 수 있을까?"

신부는 장발장을 '형제'라고까지 불렀다. 죄인인 그를 더는 악(惡)에 속하지 않는 선(善)의 사람이자 하나님의 아들로 보았던 것이다. 심리학자 앤서니 라빈스는 이 같은 '강력한 패턴 깨기가 한 사람의 정체성을 완전히 바꾸어 놓는다'고 말한다.

이후 장발장의 인생은 송두리째 변한다. 마들렌이라는 새 이름으로 새로운 보금자리를 찾아 새로운 삶을 시작한다. 성실히 일해서 사업에 성공하고 지역사회에 공헌해 명망 있는 시장 자리에까지 오른다. 한편 장발장을 악인이라고 생각해 끊임없이 그를 괴롭히며 쫓아다니던 쟈베르 경감은 수년 후에야 이름을 바꾸고 살아가는 장발장을 알아보고 그를 고발하려고 한다.

하지만 상황은 경감에게 불리하게 돌아간다. 장발장은 그 동안 자신을 괴롭혀온 경감에게 복수를 할 수 있는 기회를 맞이한 것이다. 그러나 장발장은 조건 없이 경감을 놓아준다. 결국 쟈베르 경감은 장발장이 자신보다 더 나은 사람이라는 것을 깨닫게 된다. 그토록 증오했는데 장발장보다 자신이 더 사악했다는 자각에 이르자 슬픔과 혼란에 빠져 세느강에 몸을 던진다.

레미제라블, 빅토르위고, 통큰세상, 2014

▶ **활동 ❷** '나는 누구인가'

만족스러운 답이 나올때까지 아래의 질문에 답해보자.

- 내 안의 나는 누구인가?

- 내 삶의 의미는 무엇인가?

- 내 안에서 들려오는 진짜 소리는 무엇인가?

- 밖으로 드러나는 내가 과연 진짜 나일까?

- 내 안에 살아 숨 쉬는 수많은 나는 도대체 누구인가?

- 내 안의 나는 내가 가고자 하는 길을 올바르게 제시하고 있는가?

- 어떻게 하면 나를 좀 더 가치 있는 사람으로 변화시킬 수 있을까?

- 삶의 의미를 찾기 위해 나는 지금 무엇을 해야하는가?

- 나를 알아간다는 건 어떤 의미가 있는 작업일까?

- 나는 누구인가? 나의 정체성은 무엇일까?

▶ 활동 ❸ 조하리의 마음의 창(Johari's Window of Mind)

* 심리학자 Joseph Luft와 Harry Ingham에 의해서 개발

전혀 아니다		약간 그렇다		어느 정도 그렇다		상당히 그렇다		매우 그렇다
1	2	3	4	5	6	7	8	9

(1) 나는 다른 사람에게 나에 관한 이야기를 잘하는가? 나는 다른 사람에게 나의 모습을 잘 나타내 보이는가? 나는 다른 사람에게 나의 속마음을 잘 내보이는가? (점)

(2) 다른 사람이 나에 대해 어떤 생각을 가지고 있는지 알려고 노력하는가? 나는 다른 사람이 나에 관해서 하는 말에 귀를 기울이는가? 다른 사람이 나를 어떻게 평가하고 있는지 잘 알고 있는가? (점)

① 개방영역(open window, 개방형) ② 맹인영역(blind window, 자기주장형)
③ 은폐영역(hidden window, 신중형) ④ 미지영역(unknown window, 고립형)

◆ 과제 ❶ 자아 인터뷰

주제	자아탐구
감정적 자아	
심리적 자아	
사회적 자아	
강점	
약점	

* 감정적자아 : 자아의 특성 가운데 감정의 부분. 감정적으로 어떤 특성이 있는지 바라보는 것.
* 심리적자아 : 이성적으로 사고하는 자아.
* 사회적자아 : 사회 관계속에 형성되어 있는 자아의 모습.

◆ **과제 ❷ 감정일지**

0점: 느끼지 않았다. 1점: 약간 느꼈다. 2점: 많이 느꼈다. 3점: 매우 많이 느꼈다.

오늘 내가 느낀 감정은...				월	일
	체크 √		체크 √		체크 √
흥미		슬픔		화	
즐거움		우울함		짜증	
재미있음		막막함		귀찮음	
신남		답답함		지루함	
만족감		좌절감		미움	
성취감		미안함		부담감	
기대감		고소함		당황스러움	
뿌듯함		허무함		불쾌함	
신비감		실망감		압박감	
불안함		두려움		조바심	
열등감		창피함		후회	
무력감		절망감		죄책감	

* 위의 감정외에 느껴진 게 있다면 이곳에 기록하세요.

03

선명상―내면의 자아

ⓒ 안세명작, 「염불」

마음을
원래 고요하고 원래 지혜롭고 원래 바른
각자의 성품을 있는 그대로 통찰하고
지혜를 계발하여 마음을 자유롭게 하는 것이
바로 명상의 목적이다.

■ **생각 ❶** 자신의 존재에 대해 가장 대단하거나 또는 보잘 것 없고 미약하다고 느낄 때는?

■ **생각 ❷** 감정조절을 위한 나만의 방법은?

● 이야기 ❶ 명상(meditation)이란?

모든 악을 짓지 말고 온갖 선을 받들어 행하라.
스스로 그 뜻을 깨끗이 하는 것이 모든 부처님의 가르침이니라.
(諸惡莫作 衆善奉行 自淨其意 是諸佛敎) -법구경 183 게송

한 마음이 선하면 모든 선이 이에 따라 일어나고
한 마음이 악하면 모든 악이 이에 따라 일어나나니
마음은 모든 선악의 근본이 되나니라. -대종경 요훈품 3장

이처럼 세상의 성현들은 한결같이 악을 짓지 말고 선을 지을 것을 가르쳐왔다. 선한 마음은 지혜의 빛으로써 찾고자 했고 그 빛을 밝히고자 선명상을 실천했다. 마음 깊은 곳에 참된 본성과 지혜의 등불이 있기 때문이다.

명상이란 마음을 고요히 하고 집중하여 의식을 성장하는 방법으로 욕구와 생각을 내려놓고 또렷이 깨어있는 것이다. 깨어있는 이 상태를 동양에서는 적적성성(寂寂惺惺) 또는 성성적적(惺惺寂寂)이라고 표현한다. 깨어있는 순간 우리는 몸의 미세한 느낌, 그리고 마음의 섬세한 움직임도 관찰할 수 있다. 깨어있지 못하면 느낄 수 없는 것들을 명상을 통해 깨어나는 것이다.

우리가 살아가면서 일으키게 되는 감정은 수도 없이 많은데 그 가운데 좋지 못한 감정을 요약하면 욕심(貪), 분노(瞋), 어리석음(痴)의 세가지로 분류할 수 있다. 이 모든 괴로움에서 벗어나고자 하는 마음의 행위를 예로부터 명상이라고 말해왔다. 마음을 원래 고요하고 원래 지혜롭고 원래 바른 각자의 성품을 있는 그대로 통찰하고 지혜를 계발하여 마음을 자유롭게 하는 것이 바로 명상의 목적이다.

★ 알아두기 ❶ 명상의 의미와 핵심

명상의 의미는
① 눈을 감고 고요히 생각해본다(瞑想), 어두움을 생각해본다(冥想). 즉, 어머니의 태중 이전의 어두움을 고요히 생각해본다는 뜻.
② 집중, 사색, 추상 등 여러 방법으로 이루어지는 정신훈련.
③ meditation(명상)과 medicine(약, 의학)은 라틴어 'mederi'에서 유래한 치유의 뜻이다.

명상은 의식을 성장시킨다. 사람은 누구나 자기를 바라볼 수 있어야 의식이 성장한다. 인간만이 유일하게 의식이 성장할 수 있다고 한다. 식물은 살고자 하는 욕구 즉, 생혼을 가지고 있고, 동물은 생혼과 의식의 영역을 담당하는 영혼이 있다. 사람에게는 식물과 동물에게는 없는 각혼이라는 것이 하나 더 있다. 각혼은 인간을 만물의 영장이라고 부를 수 있는 이유이며 의식이 성장하게 하는 가능성이다. 이 의식의 성장을 돕는 것이 바로 명상이다.

명상은 바라보고 알아차리는 것이다. 사람은 한 순간도 생각을 떠나서 존재하기가 어렵다. 일어나는 모든 자신의 생각을 벗어나 마음을 수행 대상에 집중하고 내가 지금 무엇을 하고 있는가를 판단 없이 그대로 바라보면 의식이 깨어난다.

명상은 비우며 버리며 또 내려놓는 일이다. 자신이 알아차린 내용의 무상함을 알고 집착하지 않는 휴식이다. 온전하게 쉰다는 것은 몸과 마음의 휴식을 말한다. 욕구와 생각을 덜어내고 비움으로써 심리적인 안정을 이루게 하고 육체적으로도 휴식을 준다.

명상은 과거에도 미래에도 얽매이지 않고 지금 여기에 집중하는 일이다. 그때 그때 마음이 지금 하고 있는 일에 사는 것이다. 공부 할 때는 공부만 하고, 밥 먹을 때는 밥만 먹고, 걸을 때는 걷기만 하여 하고 있는 일에 마음이 머물게 한다.

★ 알아두기 ❷ 명상의 분류

집중명상은 마음을 단일대상에 주의 집중하는 것으로 신체적인 감각, 시각적 대상, 소리 등으로 하나의 단어나 구절에 집중할 수 있다. 명상을 하는 사람은 계속해서 선택한 대상에 주의를 집중하여 주의가 흔들릴 때마다 그 대상으로 돌아가는 명상이다. 집중명상은 하나의 대상에 집중함으로써 그 외 잡념과 번뇌를 효과적으로 떨쳐낼 수 있다.

 알아차림(마음챙김)명상은 안팎에서 일어나는 현재의 모든 경험에 광범위하게 주의를 집중한다. 심리적 상태, 생각 및 지각을 알아차리되 감각을 성가시게 여기거나 집착하지 말고 다만 "~~구나"라며 알아차리기만 하고 그 감각에 마음을 뺏기지 않으면 자연스럽게 불편함은 사라지고 평화로움이 찾아온다. 이 명상은 그저 물이 흘러가는 것을 바라보듯이 구름이 모였다 흩어짐을 바라보듯이 자기 자신을 객관화하며 바라보는데 것이 핵심이다.

ⓒ안세명작, 「마음에 망념을 쉬고 진성을 나타내고」

▶ **활동 ❶ 명상의 준비**

바른 자세

명상을 할 때 자세는 허리를 곧게 세우고 어깨의 힘을 빼서 시선은 자연스럽게 45도 각도로 떨어뜨려 고정하고 손은 무릎위에 놓는다. 몸의 전체 구도가 삼각형의 피라미드 꼴을 이루도록 한다. 바른 몸에 바른 기운과 정신이 깃들 수 있기 때문에 자세는 중요하다.

바른 호흡

호흡은 그 사람의 삶과 정서가 담겨져 있다. 숨이 들어오고 나가는 것에 마음을 집중하고 배꼽아래 5cm 단전에 의식을 집중한다. 숨을 천천히 코로 마쉬고 내쉬면서 마음은 항상 단전에 머물게 한다. 숨을 들이 마실 때는 단전이 위치한 아랫배가 풍선에 바람차듯이 하고, 숨을 내실 때는 풍선에 바람 빠지듯이 호흡한다.

바른 마음

마음을 맑고 조촐하게 한다. 과거나 미래로 마음이 여행 하지 않고 지금여기에 마음이 있으면 된다. 우리가 살고 있는 순간은 현재 뿐임을 알아차려야 한다. 언제나 고통은 과거에 대한 후회와 미래에 대한 불안에서 온다. 존재하는 것은 오직 현재뿐이다.

좌선(座禪)

나는 누구인가 ... ?

▶ **활동 ❷** 호흡 바라보기 명상

1. 자세 잡기
1) 자세는 불편을 느끼지 않도록 해서 명상을 방해 받지 않도록 편안하게 한다.
2) 어깨는 옷걸이에 옷이 걸리듯이 힘을 툭 빼서 어깨를 낮춘다.
3) 눈은 0.5~1미터 정도 앞에 점을 찍어 고정한다.
4) 손을 자연스럽게 무릎위에 올려놓는다.

2. 호흡 찾기
1) 크게 흉식 호흡으로 숨을 들이 마쉬고 내쉰다. 3번반복
2) 배꼽아래 손가락 세 마디 아래 단전을 찾는다.
3) 숨을 코로 천천히 들여 마시면 단전이 불룩 올라오고 내 쉬면 단전이 들어간다.
4) 단전을 의식하고 호흡에 숫자를 세며 최대한 숨 길이를 늘려본다.

3. 몸의 긴장 풀기
1) 코로 숨을 천천히 마시면서 몸의 긴장과 불편을 바라본다. 의식을 잠깐 느껴지는 긴장과 불편에 집중했다가 내쉬는 숨에 '모든 긴장과 불편이 사라진다'고 여긴다. 그리고 마지막 의식은 단전에 간다.
2) 들숨→얼굴→날숨→단전→들숨→머리→날숨→단전의 순서로 머리에서 다리까지 몸 전체의 긴장을 내려놓는다.
3) 자신의 몸 상태에 따라 특히 불편한 곳이 있으면 그 곳을 더 집중해서 이완시켜준다.

4. 바라보기
1) 생각이 떠오르면 생각에 마음을 집중하지 말고 '이런 생각이 나는 구나' 알아차리고 내쉬는 숨에 그 생각이 사라진다고 여긴다. 일어나는 생각에

붙잡혀 다투지 않아야 한다.
2) 소리에 마음이 산란해 지면 그 소리를 따라가지 말고 '이런 소리가 들리는 구나' 알아차리고 내쉬는 숨에 사라진다고 여긴다. 소리와 다투지 않는다.
3) 명상을 하는 동안 일어나는 생각이나 느껴지는 감각을 판단하지 말고 그대로 바라보고 붙들지 말고 내쉬는 숨에 내려놓는다. 호흡에 집중하고 그 생각이나 감각에 집중하지 않으면 자연스럽게 사라지고 만다. 물이 흘러가듯 구름이 흘러가듯 안개가 사라지듯 말이다.

5. 우주와 하나 되기
1) 그냥 숨 쉬고 있는 나를 안다.
2) 소리를 듣고 감각을 느끼고 있는 나를 안다.
3) 몸과 마음에 경계가 사리지고 우주와 하나 되어 호흡한다.

★ **알아두기 ❸** 다양한 명상법

걸음명상

걸음을 걸을 때 걷는 발걸음에 마음을 집중하고 걷는다. 발을 드는 것을 알고 움직임을 알고 내려놓음을 알아차리면서 걷는다. 호흡은 신경쓰지 않고 오직 발의 움직임과 느낌에 집중한다. 발동작에 숫자를 세거나 이름을 붙혀도 된다.

자비명상

자비란 사랑과 슬픔을 함께 나누는 것을 말한다. 모든 생명들이 고통과 고통의 원인에서 벗어나기를 바라는 마음이다. 사랑받고 싶다면 나와 이웃을 사랑하고 슬픔을 덜어내고 싶다면 나와 다른 이의 슬픔을 공감할 줄 알아야 한다. 내가 행복을 원하고 고통을 바라지 않는 것과 같이 나의 친구도 행복을 원하고 고통을 원하지 않는다. 마찬가지로 생명을 가진 모든 이는 행복을 바라고 고통을 원하지 않는다.

1) 자세를 편안하게 하고 호흡을 편안히 바라본다.
2) 자(慈)에 대한 명상은 '평안하기를', '건강하기를' 등으로 원하고, 비(悲)에 대한 명상은 '고통이 없기를' 이라고 원한다.
3) 명상순서는 나로부터→사랑하는 사람→불편한 사람이나 생명 →살아있는 모든 것으로 점차 확장해 나간다.

절명상

절명상은 몸과 마음의 균형을 이루는 최고의 요가 동작이다. 마음을 낮추어 겸손을 배우고 머리에서부터 발끝까지 사용하여 근육과 뼈의 신경을 교정하는 효과가 있다. 108배 두 번은 30분 빨리 달린 효과의 유산소 운동이며 척추측만증 환자는 두 달 만에 척추 측만 각도가 35도에서 15도 정도로 낮아지는 놀랄만한 치료의 결과를 보여준다. 성인병의 경우 당뇨와 고혈압 환자에게서 두드러지는 당 수치 감소와 혈압 강하의 효과를 보여준다. 오장 육부를 적절히 자극하여 인체의 자연치유력을 증대시키고 기본적인 체력을 증가시키는 효과가 있다.

1) 반듯이 서서 어깨에 힘을 빼고 두 손을 모아 가슴 앞에 합장한다.
2) 허리를 곧게 세우고 무릎이 소리 나지 않게 천천히 내려온다.
3) 어깨 넓이로 손을 뻗어 손목이 꺾일 정도로 앞으로 살짝 나가면서 머리를 바닥에 댄다.
4) 다시 상체를 일으키면서 손목이 꺾이도록 앞으로 나간다.
5) 발등을 세우고 두손을 합장하여 발가락이 꺾이도록 앉아준다.
6) 상체를 바르게 세우고 합장한 체로 무릎의 반동으로 일어난다.

★ 알아두기 ❹ 명상의 효과

사람은 육체와 마음과 영이 합해진 것으로 명상을 통하여 감정 몸 마음의 자유를 얻을 수 있다.

1) 스트레스 호르몬이 감소하여 행복해진다.
명상을 오래 한 사람들은 좌측 전두엽의 기능이 우세해지고 우울감이 행복감으로 바뀐다는 연구 결과가 있다. 미국 매사추세츠의대 존 카밧진(Jon Kabat-Zinn) 박사는 마음챙김 명상에 기반을 둔 스트레스 감소 프로그램(MBSR)을 개발했다. 카밧진 박사는 하루 3시간 1주일 간격으로 8주 동안 행하는 프로그램을 스트레스가 심한 어떤 생명공학 회사의 직원들에게 실시했고 프로그램이 끝날 무렵 이들의 감정은 긍정적인 영역인 왼쪽으로 옮겨갔고 동시에 기분도 개선되었다.

2) 면역계를 강화시킨다.
암세포를 제거하는 기능을 가진 세포(natural killer cells)의 활성도가 커진다.

3) 뇌에 변화를 일으킨다.
통찰, 창의적인 생각, 몰입에 빠졌을 때 순간 경험하게 되는 세타파를 발생시켜 인지 기능을 높여주고 신체적 실행능력도 탁월하게 발휘할 수 있도록 해준다고 한다. 실제로 운동 경기에서 대기록을 수립한 사람들은 경기 도중 명상과 비슷한 무념무상의 상태 즉, 세타파가 발생해 고통, 피로감, 실패에 대한 공포감 등 온갖 생각이 사라지는 최고의 경지를 경험했다고 말한다. 이는 선(禪)에서 언급하는 성성적적(惺惺寂寂)의 상태를 신경과학적으로 입증한 것이다.

4) 생명력이 강해진다.

미국 UC데이비스의 클리포드 샤론(Clifford Sharon) 박사팀의 연구 결과에 따르면 명상은 세포의 노화를 막아주어 수명에도 영향을 미치는 것으로 확인했다.

5) 마음에 자유를 얻는다.

선명상을 통해 감정을 조절하는 힘을 얻게 된다. 분노와 화라는 감정은 다스리지 못하면 폭발하는 특성이 있다. 이를 감정의 노예라 할때 그 감정을 다스림으로써 자유를 얻게 되는 것이다.

ⓒ안세명작, 「찾다면 다북차고」

◆ 과제 ❶ 명상하고 느낌쓰기

명상							
월일	/	/	/	/	/	/	/
명상시간							

명상느낌쓰기	
자세	
호흡	
마음	

04

감사—불행을 행복으로 바꾸는 지름길

ⓒ안세명작,「안에서 향기처럼」

매일 무엇에든 감사하는 사람은 남을 배려하고,
즐거운 하루를 살아가고 있었다.
질투를 느끼거나 신경질을 내는 경우가 많지 않았으며,
좌절을 겪은 일도
현저히 적은 것으로 분석되었다

■ **생각 ❶** 내 삶의 감사할 일

■ **생각 ❷** 내 삶에 있어서 원망되는 일

● **이야기 ❶** 고맙습니다. 감사합니다.

아이들이 태어나 가장 먼저 배우는 말이 '엄마, 아빠'를 제외하면 '고맙습니다. 감사합니다.'라는 말이라고 한다. 그만큼 우리 사회에서는 '감사합니다.'라는 표현 자체를 아주 중요하게 여긴다고 한다.

이렇게 감사에 대한 표현을 감사성향이라고 하는데 긍정적 경험을 하거나 긍정적 결과는 얻은 상황에서 다른 사람의 공헌을 인식하는 고마운 마음으로 반응하는 일반화된 경향성이라고 한다. 감사성향이 높은 사람은 감사의 강도, 빈도, 범위, 밀도가 더 높다.

▶ **활동 ❶** 나의 감사지수는?

	전혀 그렇지 않다	그렇지 않다	보통 이다	그렇다	매우 그렇다
1. 내 삶에는 감사할 거리들이 매우 많다.	1	2	3	4	5
2. 지금까지 감사한 것들을 목록으로 작성한다면 그 길이가 매우 길어질 것이다.	1	2	3	4	5
3. 세상을 둘러볼 때, 감사할 것들이 정말 많다.	1	2	3	4	5
4. 나는 여러 사람들에게 고마움을 느낀다.	1	2	3	4	5
5. 지금까지 나의 삶에서 만난 사람들과 사건 상황들에 대해 더욱 더 고마움을 느낀다.	1	2	3	4	5
6. 지금까지 내가 만난 사람이나 상황에 고마움을 느낀 적이 매우 많다.	1	2	3	4	5
합계					

★ 알아두기 ❶ 감사의 효과

류보머스키는 『감사가 행복을 증진시키는 8가지 이유』에서 다음과 같이 말하고 있다.

- 감사를 표현하면 자기의 가치와 자존감이 강화된다.
- 사람의 긍정적인 경험들을 더욱 의미 있게 할 수 있다.
- 감사는 스트레스나 정신적 외상을 대처하는데 도움이 된다.
- 감사를 표현하면 다른 사람과 비교를 덜 하게 된다.
- 감사의 실천은 부정적인 감정과 공존하기가 어렵다. 감사는 분노, 비통함, 탐욕과 같은 감정을 억제하거나 감소시켜준다.
- 감사는 쾌락적응을 저지하는데 도움이 된다.
- 감사의 표현은 도덕적인 행동을 촉진한다.
- 감사는 사회적인 유대를 쌓고 기존의 관계를 강화하고 새로운 관계를 맺는데 도움이 된다.

● 이야기 ❷ 감사와 삶의 관계

통계적으로 여자가 남자보다 감사에 대해 더 많이 느낀다고 한다. 여자가 남자보다 공감적인 성향이기에 타인에게 초점을 잘 맞출 수 있기 때문이다. 관계지향적인 사람이 감사를 더 많이 느끼고 자기중심적일수록 감사를 덜 느낀다.

한 실험에 의하면 감사함을 표현한 학생들은 대조군에 비해 자신의 삶에 대한 만족도가 눈에 띄게 증가했으며, 심지어 두통이나 기침과 같은 스트레스성 질환도 개선되었다.

또 다른 실험에서도 다양한 신경과 근육 질병을 가지고 있는 환자들을 대상으로 감사일기를 썼을 때, 감사일기를 쓰지 않은 환자들에 비해 현재 삶의 만족도가 더 높았으며 미래에 대해 더 낙관적인 입장을 보인다는 결과가 나타났다. 흥미로운 점은 감사일기를 쓰기 시작하면서 환자들의 생활습관이 규칙적으로 개선되는 효과를 보였다.

● 이야기 ❸ 전염되는 감정

페이스북 데이터분석학자 애덤 크라머는 데이터를 분석하며 흥미로운 사실을 발견했다. 전세계 영어사용자 100만명과 그의 친구 1억 5천만명이 페이스북에 게시한 글을 분석한 결과 '상태 업데이트'에 사용된 단어들이 친구들의 감정에 작용하는 것이었다.

크라머는 페이스북 이용자들이 상태 업데이트에 '행복하다', '포옹하다', '아프다', '혐오감을 주다' 등과 같은 단어를 게시하면 며칠 간 친구들이 올리는 게시물에 그와 유사한 감정을 촉발한다고 설명했다. 좋은 감정은 좋은 감정으로 나쁜 감정은 나쁜 감정으로 전염되는 것이다.

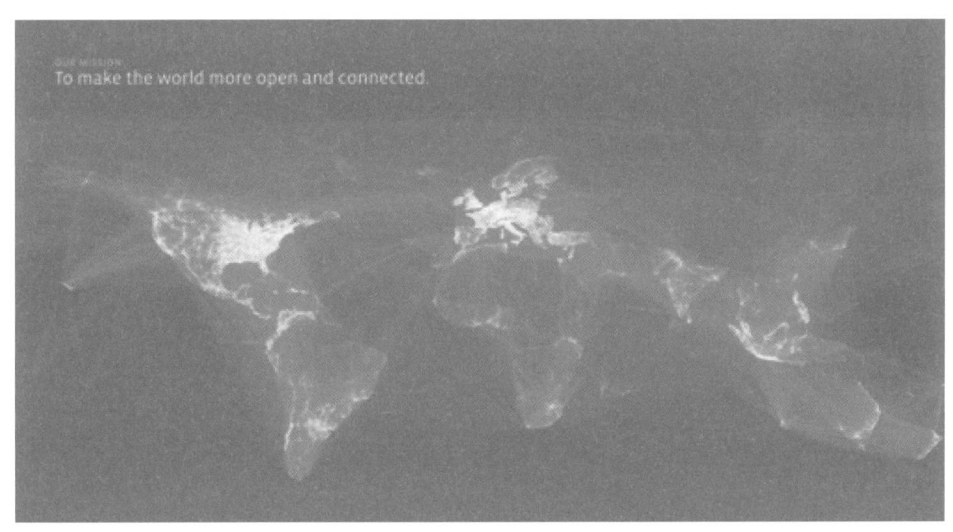

전 세계 페이스북 사용자

★ **알아두기 ❷ 감사는 표현이다.**

매일 감사하는 태도를 연습하면 더 효과적이라고 밝혀졌다. 매일 무엇에든 감사하는 사람은 남을 배려하고, 즐거운 하루를 살아가고 있었다. 질투를 느끼거나 신경질을 내는 경우가 많지 않았으며, 좌절을 겪은 일도 현저히 적은 것으로 분석되었다. 아울러 다른 사람들을 돕는 데도 적극적인 것으로 조사되었다.

에먼스 교수와 매컬로프 교수는 자원봉사자 그룹을 A, B, C 세 그룹으로 나누었다. 그리고 그들에게 일주일 동안 특정한 말과 행동에 집중토록 했다. A그룹은 기분 나쁜 일, B그룹은 감사한 일, C그룹은 일상적인 일이었다.

- A그룹 – 부정적인 일
    - 차의 배터리가 방전되는 바람에 여기까지 걸어서 왔어요.
    - 저 머저리 같은 녀석이 내 차를 박고 도망갔다구.
- B그룹 – 감사한 일
    - 제 남자 친구는 정말 친절하고 헌신적이에요.
    - 그렇게 멋진 일출을 본 것은 처음이었죠. 깨워줘서 고마워요.
- C그룹 – 일상적인 일
    - 옷장을 정리했어요.
    - 나 구두를 샀어요.

B그룹 사람들은 부정적인 것에 집중한 A그룹 사람들보다 평균 1시간 반 이상 운동에 시간을 투자한 것으로 집계됐다. 아울러 B그룹은 자기들을 도와준 사람들에게 감사와 함께 기쁨과 행복을 느꼈다고 전했다. B그룹 사람들과 친하게 지내는 주변 사람을 대상으로 조사를 했더니 실험 참가자들이 전보다 삶을 즐겼고 낙천적인 단어를 사용하는 빈도가 늘어났다고 답했다.

실험을 좀 더 장기화해서 1년간의 심층분석을 했다. 분석결과 매일 감사하는 태도를 연습한 B그룹의 행복감이 더 증진한 것으로 밝혀졌다. 매일 무엇에든 감사하는 사람은 남을 배려하고 즐거운 하루를 살아가고 있었다. 질투를 느끼거나 신경질을 내는 경우가 적었으며, 좌절을 겪은 일도 현저히 적은 것으로 분석되었다. 아울러 다른 사람들을 돕는 데도 적극적인 것으로 조사되었다.

▣ '없음보다는 있음으로' 생각의 초점을 바꿔라.

미국에서 워싱턴의 경우에 교통사고로 심각한 상처를 입는 경우가 아주 많다고 한다. 가령 산소통을 설치해 놓고 인공호흡을 시키는 경우도 꽤 많은데 물론 보험이 그 경비를 처리하지만 산소통의 산소값이 꽤 비싼 편이다. 24시간 동안 끊임없이 산소를 공급하는데 들어가는 비용이 960달러나 된다.

이를 거꾸로 생각해보자. 사고를 당하지 않은 우리들은 매일 960달러치의 산소를 무료로 공급받고 있는 셈이다. 즉 무사고자인 우리들은 매일 960달러씩 벌고 있는 셈이다. 사실 우리들이 일생 동안 들이 마시는 산소값만 해도 실로 엄청난 값일 것이다. 건강하게 살아있다는 것만으로도 얼마나 큰 감사꺼리인가? 부족하고 없음보다는 주어진 환경의 있음으로 생각의 초점을 바꾸기만 해도 우리는 큰 행복을 얻을 수 있다.

▶ **활동 ❷** 불평과 감사

최근 몇일동안 느낀 불평과 감사에 대해 10가지 리스트를 작성해보자.

불평	감사
1.	1.
2	2
3.	3.
4.	4.
5.	5.
6.	6.
7.	7.
8.	8.
9.	9.
10.	10.

◆ **과제 ❶** 감사일기 쓰기

감사 생활만 하는 이는 늘 사은의 도움을 받게 되고,
원망 생활만 하는 이는 늘 미물에게서도 해독을 받으리라.

감사한 일 (열가지 제목 적기)
1일.
2일.
3일.
4일.
5일.

불평한 일	불평한 일 감사문장으로 바꾸기
1일.	
2일.	
3일.	
4일.	
5일.	
내일의 다짐 (감사일기 마치며 감상)	

05

정직-자신감의 열쇠

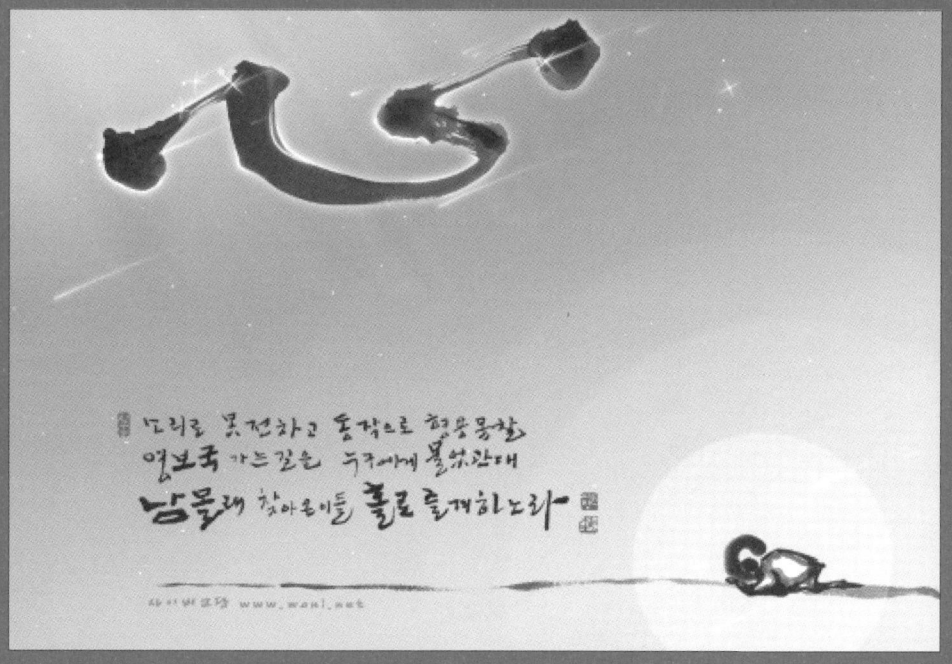

ⓒ안세명작, 「소리로 못전하고」

거짓이 거짓을 낳는 원리와 같은 것으로
대상에 대한 관계를 깨뜨리지 않으려고
자꾸 거짓을 확대시킨다.
진실을 외면하고 거짓으로 구축한 세상에 살다보면
언제 탄로날지 모른다는 불안감에
자아에 대해서는 자신감이 낮을 수 밖에 없다.

■ **생각 ❶** 내 인생의 가장 큰 정직

■ **생각 ❷** 내 인생의 가장 큰 거짓

● 이야기 ❶ 부정직한 기업과 정직한 기업

한 우산 회사에서 제작과정 중 실수로 우산에 결함이 생기게 되었다. 하는 수없이 회사는 이것을 바겐세일로 처분하기로 했으나 도무지 팔리지 않았다. 그러나 모 광고회사가 이를 인수해서 판매를 시작했는데 우산은 날개 돋친 듯 삽시간에 팔렸다.

과연 그 이유가 무엇이었을까? 그 광고 회사는 이 상품을 팔기 위해 다음과 같은 광고문을 신문에 게재했다. "흠이 있는 우산을 싼값에 팝니다. 하지만 사용하기에는 불편이 없습니다."

● 이야기 ❷ 도둑이 된 잭과 콩나무

『도둑이 된 잭과 콩나무』는 원작『잭과 콩나무』를 거꾸로 읽은 세계명작 제목이다. 원작의 잭은 소를 요술콩으로 바꾸게 되고 크게 자라난 요술콩을 타고 거인의 성에서 가서 황금알을 낳는 거위와 하프를 가져오게 된다. 놀란 거인이 잭을 쫓아오지만 잭은 콩나무를 베어냄으로써 거인을 물리치고 어머니와 평생 행복하게 살았다는 내용이다.

거꾸로 읽는 명작『도둑이 된 잭과 콩나무』에서는 잭에 대해 다른 시각으로 바라보고 있다. 거인의 물건을 몰래 가지고 도망친 잭의 행동이 과연 옳은 행동이었을까? 이 책에선 거인의 나라에선 황금이던 것이 잭의 세상에서는 그저 평범한 돌로 변하고 만다. 정당한 댓가 없이 얻은 것은 행복이 아닌 마음의 병만 안겨줄 뿐이다.

▶ **활동 ❶** 나의 정직지수는?

	전혀 그렇지 않다	그렇지 않다	보통 이다	그렇다	매우 그렇다
1. 인터넷에서 영화 또는 음악파일을 불법으로 다운로드한다.	5	4	3	2	1
2. 부모님이 나를 잘 봐달라고 선생님께 촌지나 선물을 주는 것은 괜찮다.	5	4	3	2	1
3. 10억원이 생긴다면 잘못을 하고 1년 정도 감옥에 들어가도 괜찮다.	5	4	3	2	1
4. 교재를 산다고 부모님께 말씀드리고 다른 용도로 사용한다.	5	4	3	2	1
5. 인터넷에서 다른 사람의 주민번호 또는 아이디를 사용한다.	5	4	3	2	1
6. 남의 물건을 주워서 내가 가진다.	5	4	3	2	1
7. 잘 보이려고 친구나 연인에게 거짓말을 한다.	5	4	3	2	1
8. 시험보면서 컨닝한다.	5	4	3	2	1
9. 내가 잘못한 일을 다른 친구가 한 일이라고 말한다.	5	4	3	2	1
10. 놀러가기 위해 가족이나 연인에게 핑계를 댄다.	5	4	3	2	1
합계					

★ **알아두기 ❶** 자신에게 거짓된 사람은 자신감이 낮다.

독일의 심리학자 슈테른은 거짓말에 대해 '속임으로써 어떤 목적을 달성하고자 하는 허위의 발언'이라고 정의했다. 그래서 거짓은 스스로에 대한 부적절감을 불러일으키며, 그 부적절감은 자신의 존재가치인 자존감을 떨어뜨리곤 한다. 특히 인간관계에 있어서는 홀로 있을 수 있는 능력이 결여되어, 특정 대상에게 유기공포(언제 버려질지 모른다는 두려움)를 드러내게 되어 그 대상으로부터 유기되지 않으려고 매달리고, 환심을 사기 위해서 거짓말을 할 수 밖에 없게 된다.

또한, 거짓말은 단독으로 나타나지 않고 반사회적 성격장애와 같은 병적증상과 함께 나타난다. 거짓이 거짓을 낳는 원리와 같은 것으로 대상에 대한 관계를 깨뜨리지 않으려고 자꾸 거짓을 확대시키는 것이다. 진실을 외면하고 거짓으로 구축한 세상에 살다보면 언제 탄로날지 모른다는 불안감에 자아에 대해서는 자신감이 낮을 수 밖에 없는 것이다.

★ **알아두기 ❷** 가치를 높이는 정직

대기업에서 인사업무만 30년 가까이 담당한 부사장은 "면접에서 억지로 대답을 꾸며내려 하지 말고 자신이 부족한 점과 뛰어난 점에 대해 겸손하고 솔직하게 답변하는 것이 좋다"면서 "뽑아만 주면 무슨 일이든 열심히 하겠다는 사람들의 패기를 높이 사 뽑아 본 적도 있지만 진실성도 없었고 결과도 좋지 않았다"고 말했다. 정직하지 못한 자신감은 자만심에 불과한 것이다. 진정한 자신감은 정직에서 출발한다.

한국 부패방지위원회에 따르면 우리나라의 부패인식지수가 일본만큼만 개선되면 경제성장률 1% 높이는 효과가 있다고 한다. 2000년대 국가별 부패인식지수가 40위권이었는데 (싱가포르 5위, 일본 21위, 말레이시아39위) 만일 부패인식지수가 1포인트 상승하면 GDP는 2.64%가 해외투자는 0.2%가 상승함으로써 10만개의 일자리를 창출할 수 있을 것이라고 전망했다. 정직하지 못한 이윤은 부메랑이 되어 더 큰 비용을 치러야하는 것이다.

★ 알아두기 ❸ 자신감의 조건은 정직

속이지 않는 사람은 떳떳해진다. 자신감은 외부 요인에 의해 결정되는 것이 아니라 내부 요인에 의해 결정된다. 스스로에 대한 태도가 중요하다. 이를 방해하는 가장 요인은 스스로 가지는 비교심에 있다. 비교심이 없다면 설령 이룬 것이 없어도 내면에 숨겨진 존재 그 자체만으로도 자신감을 가질 수 있다.

자신감은 자신의 내면에서 나온다. 그러나 주위를 살펴보면 대다수의 사람들이 이런 삶을 살아가기란 힘들다. 가장 큰 이유는 세상의 눈을 의식하며 살아가고 있기 때문이다. 그렇기에 자신과 타인을 속이면서까지 자신을 더 꾸미려한다. 쿠제스와 포스너는 20년간의 실증적 연구를 통해 '정직'은 리더의 가장 으뜸가는 덕목이라는 점을 강조하고 있다. 믿을 수 없는 리더를 신뢰할 사람은 없기 때문이다.

캘리포니아 대학교 경영대학원에서 성공한 1,300명의 우수기업 중역들을 대상으로 한 설문조사에 따르면 71%가 사업성공에서 가장 중요한 덕목으로 '정직'을 꼽고 있다. 그런데 우리나라는 아직도 63%의 사람들이 정직하게 살면 성공하기 어렵다고 생각하고 있음이 문제다. 우리나라 국민 중에 35%는 아직도 세금공제를 과장하여 보고한다고 한다.

◆ **과제 ❶** 스스로의 감정에 정직하기

1. 경계상황

   경계 : 감정, 생각을 일으키도록 하는 상황

2. 경계에 따라 일어난 갈등 상황

3. 정직감정 확인하기

   정직하기 위해서 내가 인정하고 수용해야 할 두려운 감정 확인.

   두려운 감정 : 나는 지금 (   )할(될)까 두려워!

4. 자기위로 대화

   자신의 약점을 발견했을 때 스스로 칭찬과 위로의 문장 만들기

   예) "그럼에도 열심히 살아줘서 고마워."

   　　"너도 많이 힘들었겠구나."

5. 다짐 수용하기

   수용다짐 : "내가 ㅇㅇ하는 것과 상관없이 나를 사랑하겠어."

정직카드 1	
경계상황	
갈등상황	
정직감정	
자기위로 대화	
다짐 수용하기	

정직카드 2	
경계상황	
갈등상황	
정직감정	
자기위로 대화	
다짐 수용하기	

정직카드 3	
경계상황	
갈등상황	
정직감정	
자기위로 대화	
다짐 수용하기	

06

몰입 – 직관의 힘

ⓒ안세명작, 「괴로움을 흐뭇하게 바라보라」

황홀하고 감동스럽고 경외스러운 감정을 경험하는
짧고 강렬한 느낌이다.
강렬하고 유쾌하며 신비주의적이며 초인적이어서
시간, 공간에 제약된 의식이 사라진다.

■ **생각 ❶** 이제까지 살아오며 몰입해봤던 경험 한가지

■ **생각 ❷** 이제까지 살아오며 직관해봤던 경험 한가지

● 이야기 ❶ 지력과 직관력

"나는 대학을 졸업하지 못했다. 가장 중요한 것은 당신의 가슴과 직관이 하는 말을 따를 수 있는 용기를 갖는 것이다. 인도 사람들은 우리와 달리 지력(知力)을 사용하지 않는다. 그 대신 그들은 직관력을 사용한다. 그리고 그들의 직관력은 세계 어느 곳의 사람들보다 수준이 높다. 직관에는 대단히 강력한 힘이 있으며 지력보다 더 큰 힘을 발휘한다. 그레이엄 벨이 전화를 발명할 때 시장 조사를 했을까? 사람들은 우리가 그것을 눈앞에 내놓기 전까지는 자기들이 무엇을 원하는지 사실 모른다."

이렇게 잡스는 제품 개발에서 직관에 의한 통찰을 가장 중요한 요소 가운데 하나로 여겼다. 그는 자질구레한 시장 조사를 믿지 않았다. 대중의 요구를 지나치게 참고하면 상상력이 제한되고 획기적인 제품을 내놓기 어려워지기 때문이다.

● 이야기 ❷ 헨리포드의 직관력

포드는 자동차 산업을 지금 모습으로, 표준화 모델로 만든 주인공이다. '포드주의'와 컨베이어 벨트는 자동차 산업을 넘어서 20세기 자본주의를 상징하는 말이 됐다. 기술자가 자리를 옮겨가면서 조립하는 방식을 컨베이어 벨트 위에서 부품이 움직이고 기술자는 제자리에서 작업하는 방식으로 바꾼 그의 혁신은 어디에서 나왔을까? 놀랍게도 포드주의는 도살장에서 탄생했다.

어느 날 도살장을 구경하던 헨리 포드는 도축해서 걸어놓은 돼지, 소가 하나씩 옆으로 움직이며 분해되고 판매용 고기로 재탄생하는 과정을 보면서 머릿속에 번뜩이는 아이디어를 떠올렸다. 이 원리를 공장으로 가져가 보자. 반드시 성공한다는 직관은 20세기 미국 대표산업을 만들었다.

● **이야기 ❸ 아르키메데스의 유레카**

이집트에서 그리스로 귀환하여 히에론 왕을 알현하러 갔던 아르키메데스는 새 왕관이 순금으로 만들어졌는지, 다른 금속이 섞여있는지 의심을 갖고 있던 왕에게서 새 왕관을 감정하도록 명을 받는다. 왕관에 은이 섞여있다는 소문이 돌았기 때문이다. "대체 새 왕관이 순금인지 아닌지 어떻게 알아내나." 고민하던 아르키메데스는 아버지인 피라쿠스와 함께 목욕탕에 가게 되었다.

목욕탕에서 아버지의 목욕물은 넘치지 않는데 자신의 목욕물이 넘치는 것을 확인한 아르키메데스는 목욕물이 넘치는 것에서 영감을 얻어 알몸으로 목욕탕을 뛰쳐나와 '유레카!'라고 외치며 집으로 달려갔다. 왕관을 물그릇에 넣고 왕관과 같은 무게의 순금 금화를 다른 물그릇에 넣어 왕관의 순금 여부를 감정할 수 있었다. 다른 금속이 섞여 있다면 부피가 커져 부력도 커질거라 생각했다. 이러한 부력에 관한 원리를 아르키메데스의 원리라고 부른다. 그리고 이 부력에 대한 발견은 아르키메데스의 직관에서 비롯되었다.

★ 알아두기 ❶ 생각의 함정에 빠지지 말자

생각은 경험에서 비롯된다. 즉 경험의 차이가 판단기준의 차이가 되는 것이다. 똑같은 상황에서도 서로 다른 가치관을 가지는 것은 경험의 차이에 의해서다. 이런 경험을 바탕으로 자라나는 생각을 너무 믿는다는 것은 고정관념에 휩싸일 가능성이 크다.

더군다나 경험한 것 외에는 생각하기 어렵다. 과거의 경험을 통해 미래를 예측하는 등의 습관성에 빠지기도 쉽다. 또한 끊임없이 변하는 세상에서 경험하지 못했던 생각은 변화된 세상을 수용하거나 적응하지 못하게 하는 함정이 있다.

★ 알아두기 ❷ 인간의 인식능력과 몰입사고

인간의 가장 기본적인 인식 능력은 다섯가지 감각기관인 오감이다. 오감은 보고 듣고 맛보고 냄새 맡고 촉감을 느끼는 것으로 경험세계에서 활용하는 인식능력을 말한다. 오감이 원초적이고 감각적이라면 오감을 통솔하는 인식을 이성이라고 한다. 이성은 오감을 통해 우리에게 주어진 개별적이며 구체적인 정보들을 개념을 활용하여 논리적 체계적으로 정립하는 인식능력이다. 오감과 이성을 넘어선 또하나의 인식능력이 있는데 이를 직관이라고 한다. 직관은 슈퍼의식이 우리 내면에서 탁월한 인식능력으로 활동하는 것이다.

이런 직관은 몇가지 성질이 있는데 첫째, 다른 사람이 잘 생각지 못한 것을 본인은 언뜻 생각할 수 있는 민감성, 둘째, 여러 가지 문제 해결의 착상이 떠오르게 되는 유연성, 셋째, 유연성에서 어느 방법을 선택하여 문제 해결을 꾀할 것인가를 정할 수 있는 방향성, 넷째, 문제해결 과정에서 아무 제약 없이 문제가 해결 되는 수도 있는 신속성, 다섯째, 문제해결에 강력한 동기를 유발케 하는 의욕성, 마지막으로 문제해결 방법에 아이디어를 제공하는 창조성이다.

▶ **활동 ❶** 직관력 키우기

1 해	2 나무	3 반지	4 지구	5 옷
6 사람	7 집	8 꽃	9 시계	10 책
11 소	12 벌레	13 별	14 물	15 스마트폰
16 극장	17 호랑이	18 가방	19 바위	20 넥타이
21 맥주	22 컴퓨터	23 마이크	24 달	25 놀이기구

1) 위의 사물 중에서 직관적으로 3개를 고른다.

　　① _____　② _____　③ _____

2) 선정된 아이템의 특성을 각각 나열한다.

　　① _____　② _____　③ _____
　　① _____　② _____　③ _____
　　① _____　② _____　③ _____

3) 나열된 특성을 조합해 새로운 서비스나 제품을 만들어본다.

● 이야기 ❹ 직관력을 기르는 몰입

몰입 상태에 있을 때 우리의 모든 의식과 신체의 각 기관은 하나의 목표로 초점을 맞춘다. 그렇게 몰입을 통해 느끼는 일치감으로 인해 절정경험을 느끼게 된다. 그 자체가 보상이 되는 경험으로서 즐김이 되며 이러한 즐김의 과정 속에서 최고의 수행도 가능한 상태가 된다. 이런 몰입의 상태는 다음과 같은 변화를 가져온다.

① 행위와 의식이 융합되는 고도의 주의 집중 상태에서 일어난다.
② 집중의 대상이 현재의 당면과제에 제한된다.
③ 딴 생각은 순간적으로 의식에서 차단된다.
④ 상황에 대한 고도의 통제감을 갖는다. 과제를 수행하느냐의 여부는 외적인 힘이나 통제에 의한 것이 아니라 자신의 능력에 의해서 결정된다. – 과제를 성공적으로 이끄는 원인이 되므로 통제감과도 연결된다.
⑤ 몰입 순간에는 자기를 망각하며 자기의 경계를 뛰어넘어 자신이 보다 큰 전체의 일부라는 초월감을 갖게 된다.
⑥ 시간에 대한 의식도 변화된다. 물리적 시간과 심리적 시간이 다르게 지각된다.
⑦ 몰입 경험은 내적동기화를 통해서 유발된다. 즉 몰입활동은 그 자체가 재미있는 일이며 그 자체의 활동을 유지, 증가하는 것이 목적이 된다. 따라서 돈, 명예, 권력 등을 위해서 그 활동에 종사하는 것이 아니다.

● 이야기 ❺ 절정경험

몰입을 하면 절정경험을 느끼는데 이는 자기실현자들이 자주 느끼게 되는 경험으로, 끝없이 트인 느낌이며 이전의 어떤 때보다도 더욱 힘이 넘치고 도움이 필요하지 않다는 느낌이다. 또한 황홀하고 감동스럽고 경외스러운 감정을 경험하는 짧고 강렬한 느낌이다. 강렬하고 유쾌하며 신비주의적이며 초인적이어서 시간, 공간에 제약된 의식이 사라진다.

"[마라톤에 몰입을 하게 되면 그 다음에는 그냥 천국에서 거니는 거예요. 산책 나온 거예요. 상당히 업 되는 거죠. 분위기가 기분적으로도 그렇고] 마라톤은 금풍씨에게는 천국입니다. 몰입을 하면 한계를 느끼는 힘든 운동이 아니라 산책이 됩니다." (SBS스페셜 말아톤 몰입)

ⓒ안세명작, 「마음하나 걸어놓고」

◆ **과제 ❶** 몰입훈련 일기 쓰기(3회)

① 경계 알아차리기 : 마음이 움직이게 된 상황을 있는 그대로 주시하기
② 방해되는 생각 또는 상황 : 목적수행을 방해하는 딴생각, 부정적인 생각 구분해내기
③ 다짐하기 : 몰입을 통해 스스로에게 내가 문제를 해결할 수 있음을 확인시켜주기
④ 몰입하기 : 몰입해서 방해되는 생각으로부터 벗어나기

날짜:	제목:
경계 알아차리기	
방해되는 생각 또는 상황	
다짐하기	
몰입하기	
몰입 이후 변화	

날짜:	제목:
경계 알아차리기	
방해되는 생각 또는 상황	
다짐하기	
몰입하기	
몰입 이후 변화	

날짜:	제목:
경계 알아차리기	
방해되는 생각 또는 상황	
다짐하기	
몰입하기	
몰입 이후 변화	

07

경청—행복한 관계의 확장

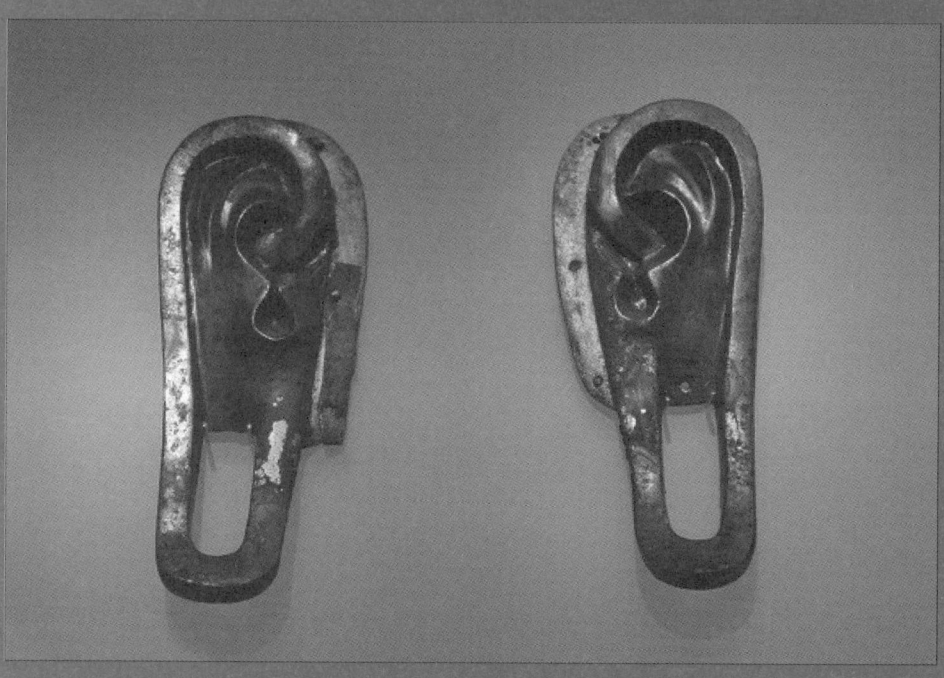

청이득심(聽以得心)은
잘 들음으로써 '사람의 마음을 얻는다'라는 뜻이다.
이를 경청(傾聽)이라고 하는데
'몸을 말하는 이에게 기울여 듣다'라는 의미이다.

■ **생각 ❶** 이제까지 살아오면서 경청을 받아본 경험 한가지

■ **생각 ❷** 이제까지 살아오면서 경청을 해줬던 경험 한가지

★ 알아두기 ❶ 사회적 관계와 행복

탈벤-샤하르는 건강한 사회적 관계가 행복에 필수적이라 말하고 있다. 홀로 고립되어 있다는 상황에서 오는 감정인 외로움은 행복에 기여하지 못하고 오히려 불행을 가져오기 때문이다. 많은 이들이 가족 또는 연인과의 이별 후 우울증을 경험하고 있으며 심하면 자살 충동까지 느끼는 데에는 행복하지 못할 거라는 생각을 하기 때문이다.

인간은 관계를 이루어 사회를 구성하며 생존을 도모해온 특성이 있다. 사회의 한 구성원으로서 건전한 관계를 맺음으로써 심리적 안정감을 느낄 수 있으며, 이때 사회적 관계를 가지게 된 상대방이 지지해주고 도와줄 것이라는 믿음을 가지게 된다. 이런 관계가 깨질 때 불행을 느끼게되며 이런 관계가 안정적으로 유지되어야 행복감을 느끼게 되는 것이다. 영국 BBC 다큐멘터리 행복에 의하면 70대 이상의 노인 수명에 있어서 친구나 상담상대 또는 함께 활동하는 관계를 맺고 있을 때 높아진다고 한다. 이렇게 행복함을 느끼게 되는 중요한 요소 중의 하나가 사회적 관계를 잘 맺고 건전하게 유지해나가는 것으로 이런 행복한 관계의 지름길에는 경청과 이해가 있다.

● 이야기 ❶ 한우와 유방

초한지라는 소설에 등장하는 두 영웅이 있다. 초나라 항우와 한나라 유방이다. 중원의 패권을 두고 대립한 두 영웅 가운데 항우는 언제나 전쟁에서 이기며 천하제패를 목전에 두고 있었고 유방은 나날이 수세에 몰렸었다. 그러나 결국 천하를 차지한 것은 유방이었다. 항우는 인사등용에 대해 패인을 가지고 있었다.

유방은 천하의 대세에 대한 일은 장량의 말을 전적으로 신임하였고, 군사는 모두 한신에게 위임하였으며, 내정은 모조리 소하에게 맡겨 인재들을 적재적소에 배정하여 그 힘을 다하게 했는데 언제나 그들에게 '어떻게 하지(如何)?'라며 의견을 물었다고 한다. 물론 항우 진영에도 범증, 계포, 종리매 등의 인물이 많았지만 항우는 근본적으로 부하를 잘 믿지 않는 사람이었고, 부하에게 자신의 전권을 나눠줄 수 있는 인물도 아니었다. 언제나 부하들의 말을 듣기도 전에 자신의 의견을 먼저 피력하고 '어떠냐(何如)?'라고 자신의 의견에 따라오도록 만들었다. '어떻게 하지'와 '어떠하냐'의 차이가 사람을 곁에 두게하거나 사람을 멀리 떠나게 한 것이고, 천하는 유방의 손에 들어갔고 그는 결국 한나라 고조가 되었다.

(PCA생명 캠페인 [경청] 중)

★ 알아두기 ❷ 청이득심 (聽以得心)

긍정 심리학에서는 좋은 관계를 맺는 방법으로 타인에게 관심을 가지기, 마음을 열기, 새로운 도전을 같이하기, 활동적으로 생활하기, 남들에게 신뢰를 주기, 긍정적인 의사소통을 하기 등의 방법을 추천하고 있다. 이를 한마디로 몰아 말하면 '청이득심(聽以得心)'이라는 고사성어로 표현해볼 수 있다.

청이득심은 '잘 들음으로써 사람의 마음을 얻다'라는 뜻이다. 이를 경청(傾聽)이라고 하는데 '몸을 말하는 이에게 기울여 듣다'라는 의미다. 말하는 이에게 몸을 기울인다는 것은 마음을 열고 마음으로 듣는 것을 의미한다. 결국 상대방이 전달하고자 하는 말의 내용은 물론이며 그 내면에 깔려 있는 동기나 정서를 파악하며 듣게 됨으로써 그 마음을 얻게 되고, 결국 사회적 관계를 넓혀가면서 행복감을 느끼게 되는 것이다.

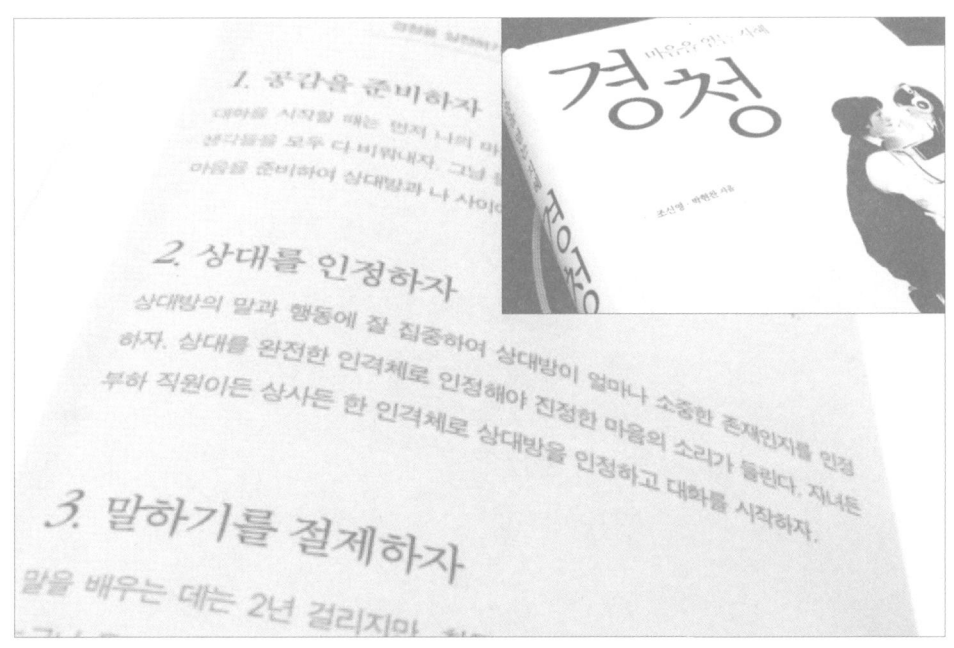

『마음을 얻는 지혜:경청』, 조신영. 박현찬 지음, 위즈덤하우스, 2007.

▶ 활동 ❶ 인물관계도 작성

본인 주변의 인물을 생각해보자. 그리고 생각나는 대로 16명까지 적어보자. 그저 생각나는 대로 순서에 관계없이 적어보자.

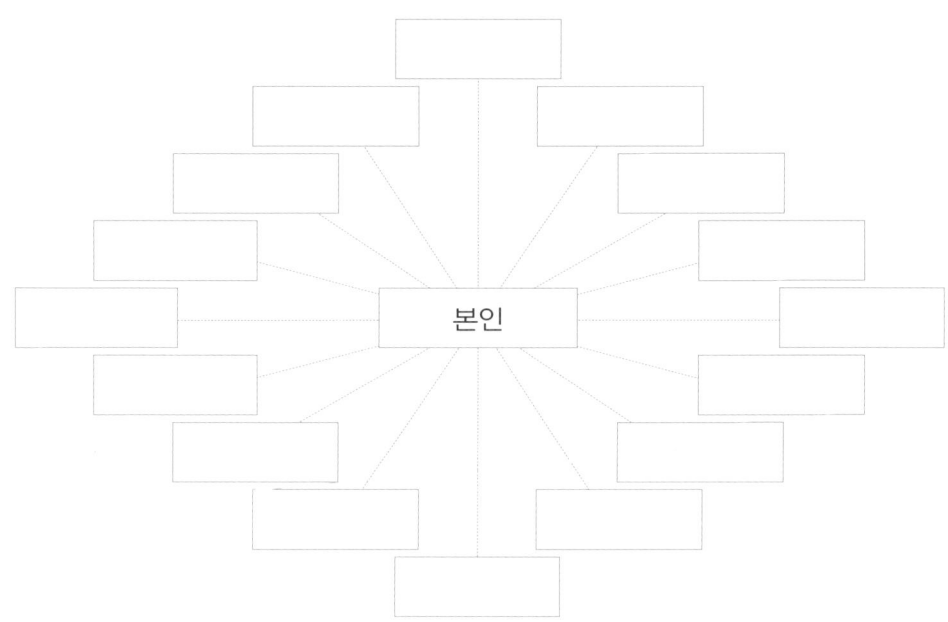

관계된 사람 이름에 손가락을 올려놓고 느낌을 생각해보자. 따뜻하고 기분 좋은 느낌이 들면 빨간색으로, 차갑고 기분 나쁜 느낌이 들면 파란색으로 선을 그어보자. 빨간색이 많으면 행복한 관계를 맺고 있는 것이고, 파란색이 많으면 불행한 관계를 맺고 있는 것이다.

행복한 사람에게는 좋은 친구가 세명이 있다고 한다. 그런데 이런 좋은 친구는 그냥 생기는 것이 아니다. 시간과 노력이 필요하며 신뢰와 존중이 필요하다. 내가 먼저 마음을 열어주어야 상대방도 마음을 열어주는 것이다. 따라서 행복한 관계는 진심이 절대적으로 필요하다. 이런 진심은 나를 먼저 상대방에게 이해시키려 하기 보다는 내가 먼저 상대방을 이해함으로써 가능하다.

★ 알아두기 ❸ 공감적 경청

공감적 경청이란 느낌을 함께 공유하는 경청이다. 상대방의 마음을 읽어냄으로써 함께 웃어주고 함께 아파해주는 경청이다. 마음의 문을 여는 적극적인 경청으로 다음 세가지의 단계가 있다.

첫째, 본인의 느낌이나 생각이나 의견이나 문제해결방안이나 모든 직접적인 영향력을 버려야한다.
둘째, 상대의 기분에 바보처럼 공감해주고 잘 들어주면서 상대의 감정 속으로 들어가야한다.
셋째, 상대방은 하고 싶은 말을 쏟아내고 속 시원하게 자신의 문제나 안좋은 기분을 스스로 해결하게 될 것이다.

자신의 주관을 세운 상태에서 대화에 임하면 자신의 기분과 감정으로 필터링을 하고 만다. 상대방의 감정과 상태를 명확히 파악하지 못하고 자신의 입장에서 상대를 재단하는 것이다. 이렇게 되면 공감적 경청은 실패하고 만다. 상대방의 감정을 먼저 이해하는 것이 무엇보다 중요하다. 우리가 흔히 사물이나 상황을 인식함에 있어서 필터링을 하는 이유는 본인의 생각과 감정에 따라 보고싶은 대로 보거나 부분적으로 선택해 보기 때문이다. 이를 '선택적 주의'라고 한다. 펜을 보고 칼과 같은 무기로 보는 것이나 밧줄을 보고 뱀을 생각하는 것이 선택적 주의의 결과다. 공감적 경청을 위해서는 선택적 주의를 내려놓는 연습을 해야한다.

▶ **활동 ❷ 공감적 경청 연습**

장면1) 오늘은 정말 일찍 집에 들어가 쉬고 싶어. 과제를 해도 끝이 없고 정말 지쳐가. 왜 항상 하는 사람만 하지? 다른 조원들은 도대체 무얼하냔 말이야?

- ⊙ 상대방의 말 내용 : 과제가 너무 많아 힘든데 다른 조원들은 하지 않고 있다.
- ⊙ 상대방의 느낌 : 과제가 많아 힘들고 지쳐감.
- ⊙ 상대방의 욕구 : 과제를 분담하고 싶어함.
- ⊙ 공감적 경청 반응 : 그러게. 혼자서 많이 힘들었겠구나. 내가 뭐 도와줄 일은 없을까?

공감적 경청을 통해 문제의 처방과 진단 또는 해결방안 제시 이전에 선행되어야 할 것은 있는 그대로 보고 마음을 먼저 읽는 것이다. 그리고 그 마음을 공감해주는 것이다. 해결방안은 상대방의 마음이 녹아내리면 자연스럽게 도출된다.

장면2) 여자친구가 이유도 없이 화를 내고 있어. 화가 났으면 왜 화가 났는지 이유라도 말해야할 것이 아니야? 몇일째 연락도 없고. 내가 전화를 하면 받지도 않아. 나보고 어쩌라는 건지 모르겠어.

- ⊙ 상대방의 말 내용 : _____
- ⊙ 상대방의 느낌 : _____
- ⊙ 상대방의 욕구 : _____
- ⊙ 공감적 경청 반응 : _____

◆ **과제 ❶** 경청 연습 일지 1. 2. 3

| **경청 연습 일지 (1)** | 월 | 일 | 장소: | 대상: |

경청 내용:

경청 감상:

| **경청 연습 일지 (2)** | 월 | 일 | 장소: | 대상: |

경청 내용:

경청 감상:

| **경청 연습 일지 (3)** | 월 | 일 | 장소: | 대상: |

경청 내용:

경청 감상:

08

이해 – 시련 속에서 마음 치유하기

사람은 누구나 이해받고 싶어 한다.
자신을 이해하고
나아가
타인을 이해하며 공감할 줄 안다면
관계의 따뜻함이
베어나게 될 것이다.

■ **생각 ❶** 지금도 생각나는 가장 큰 시련은?

■ **생각 ❷** 시련을 치유하기 위해 내가 해본 노력

● **이야기 ❶** 고맙습니다. 감사합니다.

사람들은 저마다 힘든 과거 하나쯤은 가지고 있다. 그리고 그러한 상황이 트라우마가 되어 현재에 악영향을 미치기도 한다. 어떤 이는 어린 시절 학교앞 가게에서 동네 아주머니의 지갑을 훔쳤다는 누명을 썼다. 그리고 그 일은 그로 하여금 학창시절 내내 괴롭힌 끔찍한 사건이었다.

누명을 쓰게 되고 더욱 힘들었던 것은 담임 선생님마저 자신을 믿지 않았다는 사실이었다. 그 사건으로 인해 그는 굉장히 소극적이며 내성적인 아이가 되었고, 중학교 시절과 고등학교 시절 역시 누구나가 느끼는 다시 돌아가고 싶은 어린시절로 기억되지 않는다고 한다.

그런데 이제 그 선생님을 한번쯤 만나 봐도 괜찮겠다 싶은 마음이 들어진다고 한다. 그 사건이 비록 자신을 힘들게 했지만 돌이켜보면 어떻게 살아갈 것인가에 대해 생각하게 해줘 오늘의 자신을 존재하게 한 밑거름이 되었다고 말한다.

우리는 살아가면서 때로 다른 사람의 말과 행동으로 인해 화가 나는 경우가 있다. 그럴 때는 바로 상대방을 비난하거나 마음의 문을 닫는 대신 잠시 시간을 갖고 '그 사람의 행동이 나의 무엇을 건드렸기에 이렇게 화가 나는 것일까?'하고 생각해보자. 그러면 자신의 상황을 유심히 살필 수 있고, 상대방의 상황도 이해가 될 것이다. 여기에서 이해를 통한 마음의 치유가 시작된다.

● 이야기 ❷ 우리는 모두 아프다

가끔 부당한 행동과 마주하게 되면 '왜 나한테만 이래…'라며 자신만 피해를 본다는 생각을 하곤 한다. 이런 생각은 현재의 긍정적인 생각을 막아버린다. 왜냐하면 과거의 사건은 결코 바꿀 수 없기 때문이다. 그 일은 이미 지나간 일이며, 사라지지도 않고 또한 바꿀 수도 없는 일이다. 우리가 할 수 있는 것은 그 일에 대해서 스스로 이해하는 것 뿐이다.

이해의 마음을 가진다는 것은 과거를 인정하고 나아가 그것이 현재의 자신의 모습을 이루는데 필요했던 일임을 깨닫는 것이다. 더 이상 과거와 다투지 않고 이해함으로써 현재로 승화시키는 순간 그 일로 더 이상 고통을 받지않게 된다.

물론 현재 모습이 과거에 바라던 모습과 다를 수도 있다. 상처를 안고 있을 수도 있고, 과거의 아픈 경험 때문에 질리고 지쳤을 수도 있다. 여기에 필요한 것이 이해의 마음이다. 그러한 일들을 이해하면 자신의 모습을 바꿔 나갈 수 있으며, 같은 경험도 달라 보인다.

그 경험 덕분에 자신이 더 강하고 따뜻하게 변했음을 깨달을 수도 있다. 이해의 마음으로 자신의 삶을 되돌아보자. 아픈 기억들이 있다면 그것을 이해하고 가슴으로 받아들여보자.

자신이 아픔을 간직하고 있듯이 세상 사람들 모두 아픈 기억은 한두가지씩 꼭 가지고 있다. 나만 아픈게 아니라 모든 사람이 다 아프다는 것이다. 나

(아프니까청춘이다. 김난도. 쌤앤파커스. 2010)

의 아픔을 이해하고 그들의 아픔을 이해하기 시작하면 세상은 변하기 시작한다.

힘이 들때면 그런 자신을 이해하고 다독거려주기 바란다. 힘이 든 자신을 인정하고 이해하며 다 잘될 것이라는 긍정적인 마음을 갖자. 자 다음과 같이 외쳐보자.

> 나는 비록 지금 현재 지치고 힘들지만,
> 그런 나를 이해하고 사랑합니다.

● 이야기 ❸ 다른 이를 사랑하기 위해 공감하자

상처가 크면 클수록 그 상처를 준 사람은 의외로 가까운 사람이다. 믿음에 대한 배신이 더 크기 때문이다. 부모나 배우자 혹은 연인, 그리고 형제나 친구들에게서 상처를 받는 경우가 많다. 하지만 그들 역시 나름대로의 노력을 하고 있을 것이다. 다만, 자신이 원하는 사랑과 믿음의 크기가 현실에서의 크기와 다르다는 사실을 알아야 한다. 사랑이나 용서, 의사소통에 있어서 너무나 많은 것을 기대하고 있다면 당연히 그 기대를 충족시킬 수 없으며, 작은 마찰에도 큰 상처를 받게 된다.

타인의 성장은 우리의 책임이 아니다. 단지 다른 사람을 있는 그대로 사랑하고 이해하는 것이 우리의 책임이다. 이것이 바로 이해의 마음을 키울 수 있는 가장 강력한 방법이다. 이해의 마음이 강해지면 인간관계에서 생길 수 있는 마찰이 줄어들게 된다. 만약 주변 사람의 부정적인 언행에서 상처나 분노를 느낀다면 즉시 반응하는 대신 시간적 여유를 가지자. 그러면 상대방도 시간적 여유를 가지게 된다. 그러면 이해의 폭이 넓어진다. 이렇게 이해의 폭이 넓어지면 드디어 공감할 수 있게 된다. 공감이 되지 않는 이해는 완전한 이해가 아니다. 공감은 타인의 감정을 느끼고 이해하는 감정적 공유상태를 의미한다. 공감이 되면 타인을 있는 그대로 온전히 받아들일 수 있는 준비가 된 것이다.

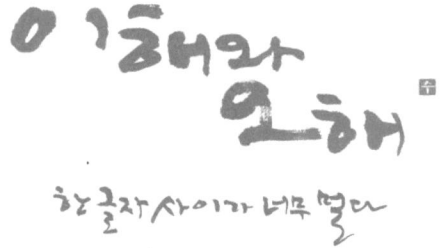

▶ 활동 ❶ 이해의 마음 넓히기

리사니콜스의 『마음근육』에 소개된 '이해의 근육'을 키우는 몇가지 방법을 실습해보자.

1. 과거의 경험에 스스로 답하기

긍정적이든 부정적이든 모든 경험은 현재 자신의 밑바탕을 이루고 있다. 지금 이 순간도 계속 배우며 성장하고 있는 것이다. 다만 옛 경험들을 다시금 살피면서 그 경험이 더 이상 부정적인 영향을 미치지 않도록 재구성해야 한다. 과거의 사건들을 이해하는 것이다.

〈리사니콜스, 마음근육, 중앙북스, 2010〉

지금까지 가장 힘들었고 왜 그런 일이 일어났는지 아직도 이해하지 못한 경험을 2가지 정도 적기 바랍니다. 그리고 "왜?"라는 질문에 답해보기 바랍니다. 단, 다른 사람을 탓하는 답과 자책은 금물이며, 의도적으로라도 타인을 이해해보는 답을 하기바랍니다. 원망의 답이 아닌 이해의 답을 말이죠.

(1) _____

왜? _____

(2) _____

왜? _____

2. 현재의 상황 이해하기

지금 마주하고 있는 삶의 문제 중에서 불안정하거나 불만인 것을 떠올려보자. 현재 상황이 변화의 기회일 수 있다는 사실을 이해해야 한다. 그 문제로 배울 수 있는 것, 그 상황에서 내가 성장하려면 어떻게 해야할지에 대한 답을 스스로 구하는 것이다.

---

(1) 지금 현재 삶의 문제 가운데 불안정하거나 불만인 것을 적어보기 바랍니다.
　
　

(2) 위의 문제 상황에서 찾아볼 수 있는 긍정적인 요소는 무엇입니까?
　
　

(3) 위의 문제를 통해 스스로 성장하려면 어떻게 해야 할 것인지를 답해보기 바랍니다.

3. 자신의 삶을 되돌아보기

자신의 즐거움과 마음의 평화는 타인의 말과 행동에 따라 결정되는 것이 아니라 그들의 말과 행동에 '우리가 어떻게 반응하는가'에 따라 결정된다. 매 순간 스스로를 일깨우고 힘이 될 선택을 할 수만 있다면 아무리 힘든 상황임에도 불구하고 우리는 마음의 평화와 안정을 찾을 수 있다.

> (1) 자신의 여러 경험 중 지금 생각해보니 그때 다르게 반응했다면 훨씬 좋았을 상황 한가지를 떠올려 보기 바랍니다. 그리고 간략하게 적어보기 바랍니다.
>
> _____
> _____
>
> (2) 자신의 의지에 따라 새로운 반응을 선택했다면 결과가 어떻게 달라졌을지 적어보기 바랍니다.
>
> _____
> _____

4. 다른 사람을 더 완전하게 받아들이기

다른 사람의 사랑이나 이해, 포용력은 누구도 바꿀 수 없다. 그것은 신도 해낼 수 없는 일이다. 오로지 그 사람 자신만이 할 수 있기 때문이다. 다만 그들도 각자 자기 한계 안에서 최선을 다하고 있음을 이해하고 인정하는 것은 자신도 할 수 있는 일이다. 할 수 없는 것에 대해 미련을 두지 말고 할 수 있는 것을 해보는 것이 어떨까? 인간관계를 바꾸려면 타인이 아닌 자신부터 바꿔야 한다.

가까운 사람의 이름 :	
[내가 좋아하는 면]	[내가 이해하기로 한 면]
[내가 그리워하게 될 면]	[그 사람이 나에 대해 기억하기 바라는 면]

◎ 내가 좋아하는 면 : 성격이나 언어 그리고 행동의 세세한 면.

◎ 내가 이해하기로 한 면 : 썩 마음에는 들지 않지만 그래도 받아들이고 좋아하기로 마음 먹은 것들. 상대가 바뀌었으면 하고 바라는 것.

◎ 그리워하게 될 면 : 헤어지게 되면 내가 그리워하게 될 것들.

◎ 그 사람이 나에 대해 기억하기 바라는 면 : 그 사람을 위해 스스로 변해야 하는 것들.

◆ **과제 ❶ 글쓰기로 마음 치유하기**

빈 종이를 준비해두고 마음 속 깊은 곳에 꼭꼭 쌓아두었던 이야기를 써보자. 살면서 가장 화가 났거나 고통스러웠던 순간에 대해 끊임없이 적어보자.

마음 속 깊은 곳에 꼭꼭 쌓아두었던 이야기

09

마음공부1-
행복실천 유무념

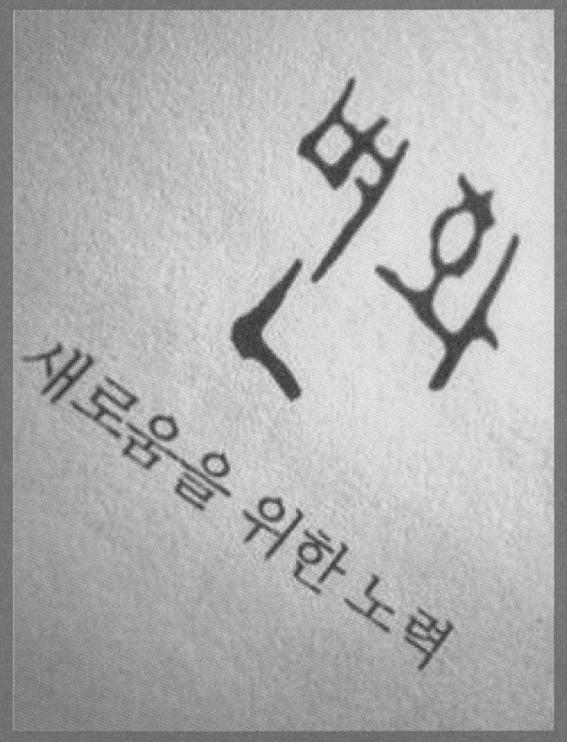

우리 모두는 못위의 침대에서 지내고 있다.
아프고 힘들어도 그저 딱 거기까지인 것이다.
그러면서
그곳에서 벗어날 노력보다는
못으로 만들어진 침대만 탓하고 있다.

■ **생각 ❶** 내 성격 중 가장 마음에 드는 면은?

■ **생각 ❷** 내 성격 중 가장 고치고 싶은 면과 노력은?

★ **알아두기 ❶** 과거·현재·미래에 대한 이해

자신에게 주어진 상황을 이해할 수 있다면 변화는 비로소 시작된다. 우리가 흔히 변화하지 못하는 것은 과거의 모든 것에 붙잡혀 있기 때문이다. 과거로 인한 상처, 과거부터 쌓아온 습관 등 현실은 여전히 과거부터 만들어왔으며 때론 그런 현실은 여전히 무겁기만 하다. 하지만 우리는 이해의 마음을 통해 과거와 더 이상 싸우지 않기로 했다. 이제까지 그래왔다면 지금부터는 미래를 위해 현재를 충실히 살아가면 되는 것이다.

현재 이 순간 쓰러지지 않고 계속 다시 일어설 수 있다면, 앞으로 나갈 수 있는 기회는 무한히 열려있다. 이제까지 장애물을 만나서 꺾이고 채이면서도 앞으로 나갔으며, 또 앞으로 수없이 많은 장애물을 만나게 될 것이다. 아무리 큰 장애물이 와도 계속 나아갈 수 있는 힘이 실천의 힘이다. 장애물을 만날 때 가장 큰 장애물은 사실 그 장애물을 대하는 자신의 마음이다. '내가 저 장애물을 넘어설 수 있을까?' 또는 '내가 아무리 노력해도 저만큼은 못할거야'라는 자신에 대한 의심만 버린다면 넘을 수 없는 장애물은 없을 것이다.

● 이야기 ❶ 절망은 또다른 절망을 부른다

어떤 일을 기대했는데 결과가 기대처럼 나오지 않는다면 절망이라는 것을 경험한다. 그런데 문제는 대다수의 사람들이 절망이라는 감정 안에 갇혀버리고 만다는 사실이다. 더 놀라운 사실은 절망이라는 감옥에서 안주하고 그 감정을 핑계 삼아 주변에 대한 원망을 쏟아내곤 한다. 이런 경우 상황은 개선되지 않고 실패만 반복된다. 그리고 그 절망은 또다른 절망을 부른다. 실패도 하나의 과정인 것을 받아들이지 못하기 때문이며, 절망을 딛고 일어서려는 의지가 부족하기 때문이다.

어느 한가로운 오후 따뜻한 햇볕 아래에 노부부가 마당의 의자에 앉아있었다. 노부부 사이에는 개 한 마리가 앉아있었는데 무엇이 불편한지 계속 낑낑거리고 있었다. 길을 가던 사람은 개가 낑낑거리는 이유가 궁금했다. 그래서 노부부에 다가가 '개가 어디 아픈가봐요?' 하고 물었다. 그러자 할머니가 '개가 못을 깔고 앉아서 그래요' 라고 하자, 길 가던 이는 더욱 궁금해져서 '못 위에 누워서 아프다면 왜 일어나지 않는가요?' 라고 물었다. 이번엔 할아버지가 '글쎄요, 낑낑거릴 만큼만 아플 뿐, 아직 자리를 옮길 만큼 아프지 않은가봅니다.'라고 답했다.

우리 모두는 못위의 침대에서 지내고 있다. 아프고 힘들어도 그저 딱 거기까지인 것이다. 그러면서 그곳에서 벗어날 노력보다는 못으로 만들어진 침대만 탓하고 있다. 자신의 상황에 대해 불평만 할 뿐, 아무런 행동도 취하지 않고 있는 것이다. 생각과 말은 시간만 허비할 뿐, 진짜 해답을 가져다주지 못한다. 진짜 해답은 변화를 위한 실천과 행동에 있다.

★ 알아두기 ❷ 변화를 위한 실천과 새로운 시작

아픔이나 불편을 계기로 지금 처한 상황을 살펴보는 것이 실천의 첫단계다. 우리는 과거의 아픈 상황이 축복일 수도 있다고 했다. 마찬가지로 현재 주어진 아픔도 축복이 될 수 있다. 지금의 아픔은 자신을 인식하는 중요한 계기이기 때문이다. 자신이 처한 상황을 인식하면 실천으로 옮길 수 있는 강력한 동기를 부여한다.

누구나 불평과 불만을 가진다. 스스로 못의 침대 위에 누워있음을 인식하는 것이다. 하지만 거기에 갇혀있다면 어느 세월에 못의 침대에서 몸을 일으켜 스스로 자리를 옮길 수 있을까? 다음으로 해야 할 일은 진정 자신이 원하는 방향으로 나가는 것이다. 불평과 불만이라는 못의 침대에서 몸을 일으켜 한 걸음 내딛는 것이다. 하지만 또다시 절망을 맛볼 수도 있다. 그때 또 불평 불만에 갇혀서는 안된다. 칠전팔기(七顚八起)의 정신으로 다시금 일어서는 것이다. 실천의 힘이 커지면 커질수록 자신이 원하는 삶에 한걸음 더 다가서게 될 것이며 그러한 과정에서 행복과 성공을 맛볼 수 있게 된다.

우리는 누구나 자기 인생의 디자이너다. 자신이 원하는 인생을 디자인할 사람은 다름 아닌 자기 자신인 것이다. 원불교의 창시자였던 소태산은 자신의 조물주는 자기 자신임을 강조했다. 그것은 자신의 선택에 따라 자신의 미래가 결정되며 모든 행위의 결과는 자신의 책임이기 때문이다. 따라서 지금 이 순간 내가 삶의 조물주이자 디자이너라는 사실을 인지한다는 것은 매우 커다란 깨달음이며 이 깨달음으로 인해 삶은 질적으로 달라질 것이다. 진정한 가치는 새로운 시작 즉 실천에서 나온다는 사실을 잊어서는 안된다.

● 이야기 ❷ 다산 정약용의 고독한 실천론

"인의예지의 명칭은 반드시 우리의 실천 이후에 성립한다. 어린애가 우물에 들어가려 할 때 '측은지심'이 생겨도 가서 구해주지 않는다면, 그 마음의 근원만을 캐들어가서 인(仁)이라 말할 수 없다. 밥 한그릇을 성내거나 발 차면서 줄 때 '수오지심'이 생겨도 그것을 버리고 가지 않는다면, 그 마음의 근원만을 캐들어가서 의(義)라 말할 수 없다. 큰 손님이 문에 이르렀을 때 '공경지심'이 생겨도 맞이하여 절하지 않는다면, 그 마음의 근원만을 캐들어가서 예(禮)라 말할 수 없다. 선한 사람이 무고를 당했을 때 '시비지심'이 생겨도 분명하게 분별해 주지 않는다면, 그 마음의 근원만을 캐들어가서 지(智)라 말할 수 없다."

맹자의 윤리적 감수성은 인간의 본성에 집중되어 있었다. 정약용은 성리학이 맹자의 윤리적 감수성에만 치중한 결과 공허한 이론학에 빠져버린 것을 통탄하며 진정한 윤리는 실천에 있음을 일갈했다. 인(仁)이라는 것은 측은지심의 마음만 가지고는 안되며 그런 마음을 가지고 있음을 확인했다면 행동으로 실천해야 비로소 참다운 인간이 된다는 것이다.

이러한 정약용의 실천론은 인간을 고찰하는데 있어서 본성의 함양이라는 주제에서 주체적 결단과 실천이라는 주제로 옮기는데 매우 큰 역할을 했다. 조선의 성리학이 관념적인 학문으로 전락하고 변화하는 현실세계에 대해 대처할 힘을 잃어버렸음을 정약용은 간파했다. 정약용의 실천적 유학이 우리의 인생에 실천이라는 화두를 던지고 있다.

▶ **활동 ❶ 실천의 힘 키우는 유무념법**

1. 지금 당신의 삶에서 당신을 가장 개선하거나 변화하고 싶은 것은 무엇입니까?

   : _____
   _____
   _____

2. 당신은 왜 개선하거나 변화하고 싶은가요?

   : _____
   _____
   _____

3. 그 상황을 개선하기 위해 어떤 노력이 필요한가요?

   : _____
   _____
   _____

4. 이제 당신이 가져야 할 마음과 해야 할 행동은 무엇인가요?

   : _____
   _____
   _____

5. 실천조목 정하기

   1. _____
   2. _____
   3. _____

◆ **과제 ❶ 유무념법**

실천조목	/		/		/		/		/		/		/	
	유	무	유	무	유	무	유	무	유	무	유	무	유	무

* 작성요령

1. 자신의 습관이나 행동 가운데 개선하거나 변화하고 싶은 것을 실천조목으로 정한다.
2. 하루 생활하면서 마음을 챙겨 실천했으면 유념으로 실천하지 못했으면 무념으로 체크한다.
3. 하루에 한번이 기준이면 O/X로 기록하고, 한번 이상이면 건수로 체크한다.

10

마음공부2 – 행복실천 마음일기

멈추어 돌아보는 힘을 키우지 않으면
우리는 끊임없이 분노의 힘에 끌려다니게 될 것이다.
마음의 힘은
바로 멈추어 돌아보는 힘에서 나온다.

■ **생각 ❶** 일기에 대한 나의 경험과 현재의 일기생활

■ **생각 ❷** 일기를 계속하는 이유나 소득, 또는 못하는 이유나 바램

★ 알아두기 ❶ 마음공부는 모든 공부의 근본

모든 학술을 공부하되 쓰는 데에 들어가서는 끊임이 있으나, 마음 작용하는 공부를 하여 놓으면 일분 일각도 끊임이 없이 활용되나니, 그러므로 마음공부는 모든 공부의 근본이 되나니라. - 대종경 요훈품 1장

우리가 살아가면서 나의 마음을 가장 잘 느낄 때는 언제일까? 무언가 가지고 싶다는 강렬한 욕망에 사로잡혀 있을 때, 또는 무언가에 의해 기분이 좋지 않아 화를 낼 때가 아닐까 한다. 오늘 하루에만 해도 몇 번이나 화를 냈는지 가만히 돌아보자. 살아가면서 우리는 하루에 수십번 이상 화를 내고는 한다. 그런데 하루를 보내고 문득 '내가 화를 왜 냈지?' 하고 후회를 할 때가 있다. 내가 화를 낸 일에 대해서 과연 그것이 옳은 선택이었는지, 아니면 더 나은 선택은 없었는지를 생각해보면 '괜히 화냈어……'라며 후회를 하곤 한다.

자전거를 타고 가다가 골목길에서 아이가 갑자기 튀어나와서 부딪칠 뻔 했는데, 아이에게 욕을 하고, 화를 내면서 '너 때문에 큰 일 날 뻔 했다'고 소리를 고래고래 지르고, 집에 와서도 화가 안풀려서 흥분을 하는 사람이 있는가 하면, 반대로 아이에게 '조심해야지. 그러다가 사고 나면 큰 일 난단다. 앞으로 조심해라.'고 말하고, '자신도 좀 더 주의를 해야 겠다'고 생각하는 사람도 있을 것이다. 과연 자신은 어떤 선택을 하고 살아갈까? 제삼자의 입장에서 본다면 어떠한 선택이 더 나은 선택일까? 마음공부는 이러한 선택의 순간에서 자신을 선택의 주인공으로 만드는 공부이며 더 나아가 그 선택이 올바로 이어지도록 스스로를 단련하는 공부이다. 어떤 상황에서도 감정에 이끌려 쉽게 흥분하거나 우울해하지 않고 그 상황을 좀더 유용하고 효율적으로 이끌어가는 힘을 키우는 공부이다.

★ 알아두기 ❷ 명상, 마음에 근육을 만들다

우리가 선택의 순간에서 바른 선택을 하지 못하는 가장 큰 원인 중 하나는 바로 욕망과 분노이다. 언제나 욕망은 우리의 스트레스의 근원이며 결국 분노로 이어진다. 그 분노는 우리를 병들게 하고 방황하게 한다. 욕망과 분노로 인한 마음의 불안은 우리의 능력을 흐리게 하는데, 마음공부를 하다보면 우리의 마음이 왜 흔들리며, 어떻게 하면 우리의 욕망, 분노, 방황을 줄일 수 있으며, 구체적으로 어떠한 방법으로 우리의 마음을 다스릴 수 있는지를 알게 된다.

언젠가 MBC에서 스페셜 방송을 통해 "명상, 마음에 근육을 만들다."라는 프로그램을 방영한 적이 있었다. 명상을 통해 온갖 잡생각을 떨쳐내고 마음의 본래를 찾아 집중하는 공부를 하면 마음에 근육이 만들어진다는 내용이었다. 그리고 그 명상의 핵심은 '잠깐 멈추어 돌아봄'이었다.

마음의 분노가 일어난 순간, 잠깐 멈추어 돌아봄으로써 그 분노를 잠재우는 것이다. 멈추어 돌아보는 힘과 분노의 힘이 서로 대결하는데, 멈추어 돌아보는 힘이 물의 힘이라면, 분노의 힘은 불의 힘이다. 멈추어 돌아보는 힘을 키우지 않으면 우리는 끊임없이 분노의 힘에 끌려 다니게 될 것이다. 마음의 힘은 바로 멈추어 돌아보는 힘에서 나온다.

- **이야기 ❶ 자신의 삶을 주도하라**

『성공하는 사람들의 7가지 습관(7Habit)』중 가운데 첫 번째 습관은 '자신의 삶을 주도하라'이다. 흔히 우리는 습관화된 또는 관성적인 패턴에 의해 보는 즉시 반응을 함으로써 그에 따라 얻은 결과가 그리 바람직하지 않다. 그래서 반응하기에 앞서 다음과 같은 생각을 가지라고 조언한다. '모든 것은 자신이 스스로 한 선택의 산물'이라는 것이다. 따라서 행동하기에 앞서 잠시 멈춘 다음, 원칙에 따라 반응하는 습관을 들이면 얻게되는 결과가 달라진다는 것이다. 그리고 그 원칙에 대해 이렇게 말한다.
"나는 선택의 자유가 있고, 선택한 것에 대한 책임은 나에게 있다."

대부분의 사람들은 외부에서 들어온 자극에 무조건적으로 또는 습관적으로 반응한다. 이들을 반사적인 행동을 하는 사람들이라 할 수 있다. 분위기, 감정, 상황이라는 자극에 의해 쉴 틈도 없이 반응하기에 항상 왜곡되어 있고 고정관념에 휩싸여 있다. 반대로 자극에 반응하기 전 선택의 자유라는 공간을 넓혀 우선 멈춘 다음에 원하는 결과를 고려하여 반응을 선택하는 이들을 주도적인 사람이라 말한다. 자극과 반응 사이의 공간을 지혜롭게 활용하는 것이다.

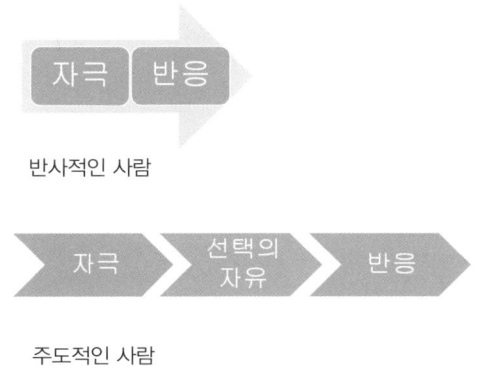

● 이야기 ❷ 자극과 반응 그리고 3초

자극과 반응 사이의 공간을 얼마나 가지고 있냐에 따라서 본인의 인격의 성숙도가 결정된다. 그 공간에서 잠시 멈추어 돌아봄이 이루어지는 것이다. 『마음근육을 키우는 '3초법칙'』이라는 책의 저자 데이비드 폴레이는 감정적인 공격을 받았을 때 어떻게 대응할지 고민하는 시간이 대략 3초의 시간이 걸린다고 한다. 그래서 그는 이 3초라는 시간을 현명하게 관리할 것을 말하고 있다. 그 3초가 자극과 반응 사이에 존재하는 자신의 선택의 구간이라는 것이다.

우리는 흔히 외부의 자극에 대해 감정적인 공격을 받았을 때 매우 취약한 대응을 한다. 식당에 가면 음식의 질보다는 종업원의 태도에 따라 식당의 질이 결정되고, 차를 타면 똑같은 상황에서 상대 운전자의 운전태도에 따라 마음에 분노가 차오르기도 하고 마음이 평온해지기도 한다. 외부 자극에 쉽게 화가 날 경우 감정적으로 쉽게 흔들리는 경향으로 이런 이는 자신의 감정을 쉽게 외부로 쏟아내는 경향이 있다.

학교에서 기분이 상한 일이 있으면 집에 가서 계속 이어진다거나, 반대로 집에서 문제가 생기면 학교에서도 일이 꼬이는 것이다. 심한 경우 남에게 감정적 공격을 받았을 때 아무리 사소한 일이더라도 반드시 복수를 해야 속이 풀린다면, 그는 마음의 감정이 매우 자극적이며 즉각적 그리고 반사적인 사람이다. 이런 삶은 언제나 불화와 고통이 따르게 되어 행복보다는 불행에 가까운 삶을 살아가게 된다.

이렇게 자극과 반응 사이에 공간을 넓힌다는 것은 마음의 여유를 갖는 일이다. 비록 3초간의 짧은 시간이지만 이 시간만큼은 자신의 인격을 성숙시키고 행복으로 이끄는 훌륭한 시간이 될 수 있다. 그런데 3초동안의 시간을 가짐으로써 자신을 객관화하고 이성적인 판단을 한다는 것은 사실 쉬운 일은 아니다. 이 3초간의 시간을 자기화하기 위해 우리는 명상을 통해 멈추어 돌아보는 연습을 해야한다. 그리고 매일 저녁 마음일기 작성을 통해 3초간의 구간을 자기화하는 방법을 체득해야 한다. 날마다 끊임없이 기록함으로써 스스로의 마음 근육을 강화해 나가는 것이다. 반복하다 보면 3초의 선택 구간을 완전히 자기화할 수 있다.

★ 알아두기 ❸ 마음공부와 마음일기

일기는 하루의 기록이다. 기록은 쌓이고 쌓이면 역사가 된다. 일상의 기록을 있는 그대로 기록하는 것이 일기의 핵심이라면 마음일기는 일상의 일에 있어서 자신의 마음의 상태를 기록하는 것이 핵심이다. 자극과 반응이라는 어떤 감정의 상태에서 바로 그 순간에 자신의 감정을 마음먹은 데로 조절하기가 쉽지 않은 반면, 하루가 저물어가는 저녁시간에는 오히려 그 당시의 마음 상태를 바라보는 것은 한층 쉬우며 객관화되어 있다.

저녁 시간에 다시금 그 날의 마음 상태를 떠올리며 자신의 마음 상태와 더 나은 선택은 무엇이었는지를 기록하다보면, 자극과 반응 사이의 선택의 자유 구간은 더욱 넓어지며 감정이 일어나는 그 순간 자신의 감정을 조절하는 3초를 자신의 의지대로 현명하게 사용할 수 있는 힘이 길러진다.

자극은 경계라고 표현할 수 있다. 경계의 사전적 의미는 사람, 사물, 환경, 분위기 등 나와 관계되는 일체 대상이자 마음을 일으키게 하는 상대적 현상으로 생활상의 모든 일들을 일컫는다. 곧 나에게 주어지는 자극인 것이다. 그런 경계를 대할 때마다 각자 자신은 나름대로의 방법대로 대응 상태에 들어간다. 문제는 그 대응의 상태가 왜곡되어 있으며, 습관적이며, 즉각적이라는데 있다. 그것을 불교적 용어로 표현해보면 요란함, 어리석음, 그름으로 정리해 볼 수 있다.

요란함은 분노, 어리석음은 지혜롭지 못함, 그름은 바르지 못함이다. 자극 그러니까 경계에 당해 즉각적이며 습관적이며 감정적인 대응은 대개가 요란함, 어리석음, 그름으로 표출된다. 그리고 그 결과는 불행만을 초래할 뿐이다. 자극과 반응 사이에 잠깐 멈추어 돌아봄으로써 마음의 안정을 찾는다면 그 세가지 망심에 끌려가지 않는다. 화가 나도 어리석어져도 그름이 있어도 바른 길을 스스로 찾아가는 힘이 길러진다. 마음일기를 통한 마음공부는 행복으로 향하는 최고의 열쇠인 것이다.

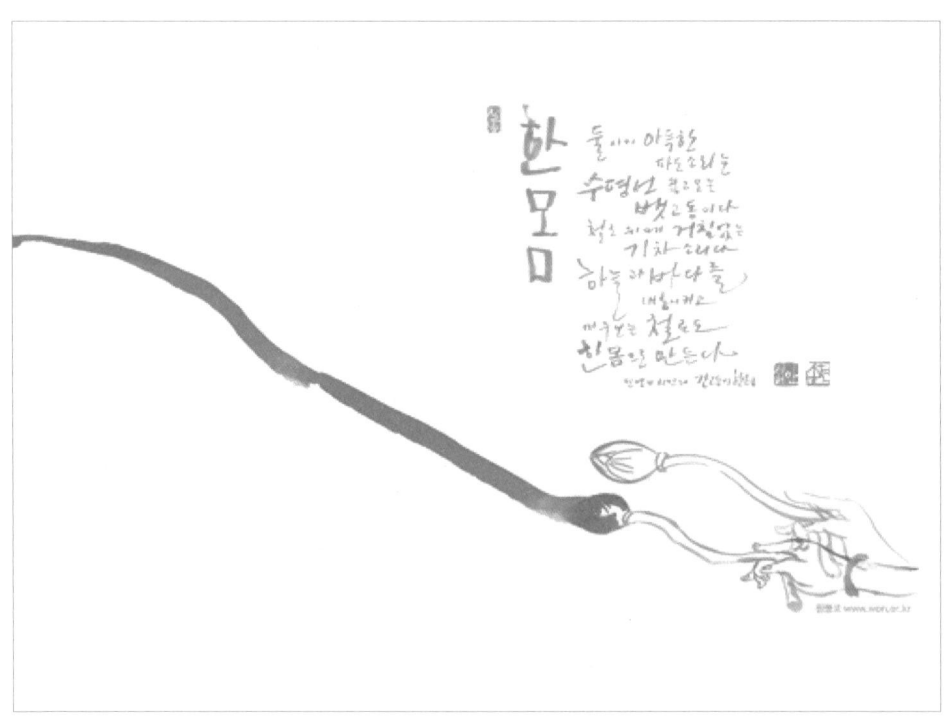

안세명ⓒ한몸

▶ 활동 ❶ 마음일기 사례 ①

플랫슈즈를 사기 위해 친구들과 함께 신발가게에 갔다. 마음에 드는 구두가 있었지만 가격이 부담스럽고 처음 구경 온 가게였기 때문에 다른 가게를 둘러보고 싶은 마음이 컸다. 그런데 점원이 협박조의 말투로 나에게 이렇게 말하는 것이다.
'사세요, 안사고 다른 곳 가면 더 이쁜 줄 알아요?'
'저 그런 손님 싫어해요. 다른 곳 구경하고 어짜피 여기 올 것 같은데, 그렇게 하고 오면 할인 안해줄거니까 알아서하세요.'
점입가경이었다. 내가 그런 공격(?)을 받아 매우 황당하여 무서운 마음까지 느껴졌다. 너무 기분도 안좋고 사고 싶은 마음도 뚝 떨어져서 가게를 나와버렸다. 그러고는 괜히 함께 온 친구들에게 화를 내고 말았다.
'친구들이 무슨 죄람?'
이후 계속 기분이 나빠서 다른 가게에서도 결국 구두는 사지 못했다.
그러다가 강의시간에 배운 삶의 주도자에 대해 생각하게 되었고 스스로에게 질문을 던졌다.
'한 사람의 기분 나쁜 언행으로 인해 내가 하루종일 기분 나빠할 필요가 있었을까? 더군나나 내 기분 때문에 다른 친구들까지 안좋은 기분을 가지게 할 필요는 없지않은가?'
그러다보니 이렇게 짜증내고 있어서는 안되겠다 싶어서 마음을 바꾸기로 작정했다. 자연스럽게 그 점원은 내가 오기 전 기분 나빴을 일이 있었나보다 라는 생각을 하게 되었고 친구들에게 짜증냈던 일에 대해 사과할 수 있었다. 앞으로도 그런 일을 당하면 바로바로 상대를 이해하고 스스로에게 질문을 던져야겠다. 누군가 나에게 기분 나쁜 행동을 했을 때 같이 기분 나빠하지 말고 차분해지자. '그 사람과의 상황은 이미 지나가 버렸는데 왜 나혼자 기분나빠하며 고통스러워해야하는가?그리고 나의 작은 짜증이 또 누군가의 기분을 상하게 하지 않을까?' 라고 말이다.

▶ **활동 ❷ 마음일기 사례 ②**

갑자기 추워져서 그런지 자꾸 웅크리게 되고 모든 것이 귀찮아졌다. 화요일은 1교시부터 8교시까지 수업이 너무 많은 날인데 잠도 별로 못자서 피곤하기도 하고 너무 가기 싫었다. 특히 공강시간에 잠시 쉬고 나니까 더 가기 싫어진 마음이 나서 7,8교시 수업에 갈까 말까 한참동안이나 고민을 하게 되었다.

그런데 사실 학생으로서 당연히 가야하는 것이 아닌가? 학생이 수업을 갈까 말까 고민하다니 너무나도 한심하고 짜증이 났다. 그래서 결국 수업에 갔는데…

이런 교수님은 수업에 맞지 않은 내용만 말씀하시고 출석도 부르지 않는 것이 아닌가?화가 났다. 동시에 수업에 들어가서도 '괜히 왔어'라고 생각하는 내 자신이 너무 싫었다. 수업가기 전에도 요란했고, 수업에 들어가서도 요란했다.

요란해진 마음을 가라앉히며 스스로에 대한 질문을 던졌다. 수업은 당연히 가야하는 것인데 왜 그런걸로 고민을 하지? 이렇게 가까운 학교와 쉬운 일도 하기 싫어 고민하면 나중에 직장은 어떻게 다닐꺼야?

이런 질문을 스스로에게 던지니 이것은 고민의 대상이 아닌 당연히 해야 할 일이라고 인식하게 되었다. 학점을 생각하고 나의 미래를 생각한다면 아무리 귀찮더라도 해야하는 일이라고 여기게 되었다. 이제까지는 공강시간에 집에 가곤 했는데 그러면서 더 하기 싫음이라는 나태함이 생겼나보다. 앞으로는 당연히 해야할 일이라면 이유와 핑계를 대지 않고, 공강시간에는 도서관에서 책을 볼 수 있는 자세를 가져야겠다고 다짐해본다.

◆ **과제 ❶** 마음일기 쓰기

일자		년 월 일
상황	경계 자극	
	나의 대응	
마음의 공간	최선의 선택	
	새로운 다짐	

일자		년 월 일
상황	경계 자극	
	나의 대응	
마음의 공간	최선의 선택	
	새로운 다짐	

일자		년 월 일		
상황	경계 자극			
	나의 대응			
마음의 공간	최선의 선택			
	새로운 다짐			

11

용서 –
다시 사랑할 수 있는 힘

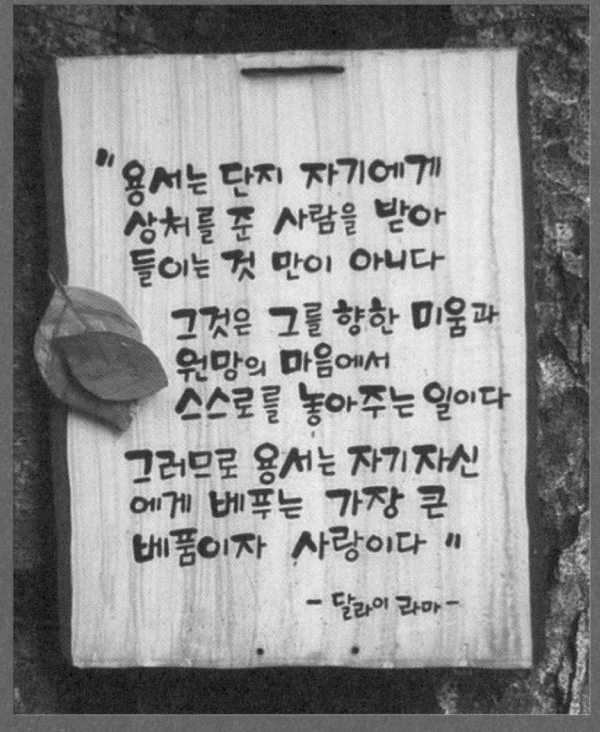

"용서는 단지 자기에게
상처를 준 사람을 받아
들이는 것 만이 아니다

그것은 그를 향한 미움과
원망의 마음에서
스스로를 놓아주는 일이다

그러므로 용서는 자기자신
에게 베푸는 가장 큰
베품이자 사랑이다"
— 달라이 라마 —

용서는
마음속의 분노와 원망심을 녹여냄으로서
스스로를 더욱 행복하게 한다.
용서는
나에게 주는 최고의 선물이며
다시 사랑할 수 있는 선물이다.

■ **생각 ❶** 누군가를 용서해주었던 일이 있다면?

■ **생각 ❷** 누군가에게 용서를 받아야할 일이 있다면?

● 이야기 ❶ 달라이라마의 용서

나에게 있어 티베트는 파괴와 죽음, 그 모든 일이 일어난 땅입니다.
그것은 말할 수 없이 고통스런 경험이었습니다.
하지만 복수는 더 큰 불행을 낳습니다.
따라서 더 넓은 시각에서 생각해야 합니다.
용서는 당신에게 과거를 잊어버리라는 뜻이 아닙니다.
오히려 당신은 과거를 기억해야 합니다.
과거의 고통이 양쪽 모두의 편협한 마음 때문에 일어났음을
자각해야 합니다.
그러나 이제는 시간이 지났습니다.
우리는 더 지혜로워지고 더 성장했음을 느낍니다.
나는 용서가 유일한 길이라고 생각합니다.

나를 고통스럽게 만들고 상처를 준 사람에게
미움이나 나쁜 감정을 키워 나간다면
내 자신의 마음의 평화만 깨어질 뿐입니다.
하지만 그를 용서한다면 내 마음은 평화를 되찾을 것입니다.
우리를 힘들게 하고 상처입힌 누군가가 있기 때문에
우리는 용서를 베풀 기회를 얻습니다.
용서는, 가장 큰 마음의 수행입니다.
용서는, 단지 우리에게 상처를 준 사람들을 받아들이는 것만을
의미하지는 않습니다.
그것은 그들을 향한 미움과 원망의 마음으로부터
나 자신을 해방시키는 것이죠.
그러므로 용서는,
자기 자신에게 베푸는 가장 큰 선물인 것입니다.

- 달라이라마, 빅터첸 『용서』중

● 이야기 ❷ 용서할 수 있을까?

◉ 박재희씨의 이야기

2003년 9월부터 2004년 7월까지 무려 21명을 살해한 연쇄살인마가 있었다. 그 피해자 중 한 명인 박모씨의 동생 박재희씨는 8년이 지난 지금도 고통 속에 살고 있다. 사건 이후 4형제 중 둘째 형과 막내 동생이 자살하고 혼자 남았다. 우울증 약으로 버티고 있으나 지난해에는 정신과 병원에 입원하고 자살을 시도할 정도로 상황은 위태롭다. 박재희씨는 가해자에 대한 원망과 증오로 여전히 괴로워하고 있다. (채널A 잠금해제2020 범죄피해 끝나지 않은 고통편 중, 2012)

◉ 고정원씨의 이야기

고정원씨가 집으로 들어갔을 때는 그는 무엇인가 허전함을 느꼈다. 벽난로 앞에 웅크린 검은 물체. 그것은 그의 아내 주검이었다. 사방에서 피비린내가 몰려왔으며, 2층으로 올라갔을 때 4대 독자였던 아들과 화장실 앞에 노모까지 싸늘한 주검으로 놓여있었다. 2003년 10월 고정원씨는 그렇게 어머니와 아내 그리고 아들을 떠나보냈다. 그는 아내에게 이웃과 얼굴보고 살자며 담장을 낮추자고 제안했다. 그런데 그 낮아진 담으로 살인마가 넘어 들어온 것이다. 고정원씨는 괴로워하다가 결국 살인마를 용서하기로 했다. 그러자 두 딸이 어떻게 그럴 수 있냐며 멀어져가기도 했다. 그래도 고정원씨는 종교적 신앙심에 의지해서 그를 용서하고 그저 사형 대신 절대종신형이 되기를 탄원하기까지 했다. 고정원씨는 가해자의 목숨을 빼앗는 것이 다가 아니라며 진정 해야할 일은 남은 피해자들의 아픔을 달래고 치유해야한다고 말했다. (KBS스페셜 마음 용서편 중, 2006)

★ 알아두기 ❶ 용서 실천

긍정심리학자 소냐 루보머스키는 과거의 잘못된 일들에 대해 용서를 한 사람들은 덜 분노하고 더 긍정적으로 변하며 신체적으로 더 건강해질 수 있다고 말한다. 이는 용서라는 것이 단순히 상대의 잘못들을 내가 잊는 것이 아니라 자신이 스스로 가지고 있던 원망의 마음을 풀어내고 그와의 관계를 개선하고자 하는 실천이라는 의미를 담고있다. 타인에 대한 원망심을 스스로 풀어냄으로써 자신이 지니고 있던 분노에서 해방된다.

소냐 루보머스키의 용서 실천 전략 6단계

1단계) 용서받는 느낌을 거꾸로 생각해 본다.
　용서를 하기 전에 입장을 바꾸어 용서를 구해보는 것이다. 사과편지를 통해 때로는 본인도 가해자가 될 수 있다는 사실을 받아들여 보는 것이다.

2단계) 용서를 상상하라.
　자신을 부당하게 대하거나 화나게 만든 사람을 파악하고 그를 용서해 주는 모습을 상상해 보는 하는 것이다.

3단계) 용서편지를 쓴다.
　마음의 원망심을 하나하나 녹여내는 것은 생각만으로 쉽지가 않다. 글로 현실화시켜 나간다면 원망심을 풀어낼 수 있다.

4단계) 공감을 실천하라.
　공감과 용서는 상관관계가 매우 높다. 상대방을 이해하기 위해 관찰하다 보면 그럴만한 사정이 있음을 공감하기 시작한다. 그러면 용서할 가능성은 매우 높아진다.

5단계) 너그럽게 생각하라.
　마음의 여유가 생기면 분노에서 쉽게 벗어날 수 있다. 마음의 여유는 너그러움에서 쉽게 얻을 수 있다.

6단계) 과도한 생각에서 벗어나라.
　생각이 지나치게 많으면 오해와 편견이 생기기 쉽다. 자신의 상처와 분노에서 벗어나지 못하는 원인은 부정적인 상황에 지나치게 집착하기 때문이다.

★ 알아두기 ❷ 진정한 용서는 자신의 해방

우리는 흔히 용서는 자신에게 해를 끼친 사람을 잊어버리거나 봐주는 것이라고 생각하기 쉽다. 또는 분노를 멈추기 위해 감정을 억누르는 것이라 여긴다. 이는 일시적인 방편은 되도 자신의 마음까지 자유롭게 하는 진정한 용서와는 거리가 멀다.

진정한 용서란 '부당하게 우리를 상처입힌 사람을 향한 분노와 부정적 판단, 그리고 무시하는 행동을 버리려는 의지와 함께 더 나아가 그 사람을 향한 진심 어린 동정과 자비, 심지어 사랑까지도 품는 것'이다. 그래서 진정한 용서는 관계를 회복하고 다시 사랑할 수 있는 힘을 이끌어내는 것이다.

불교의 법화경에서 '분노에 차있는 것은 마치 뜨거운 석탄을 누군가에게 던지기 위해 쥐고 있는 것과 같다. 뜨거운 석탄을 계속 쥐고 있으면 내 손이 먼저 화상을 입고 고통을 입게 된다. 누군가를 용서하지 못하고 자신의 건강과 행복을 손상시키면서 화를 품고 있는 것은 마치 뜨거운 석탄을 꽉 쥐고 버리지 못하는 것과 같다.'라고 말하고 있다.

용서는 마음속의 분노와 원망심을 녹여냄으로서 스스로를 더욱 행복하게 한다. 그래서 용서를 하는 사람은 긍정적이고 우울증이 적으며 스트레스도 적다. 또한 주위 사람들과도 관계가 매우 좋다. 용서는 나에게 주는 최고의 선물이며 다시 사랑할 수 있는 선물이다.

★ 알아두기 ❸ 용서의 경험

용서가 쉽지만은 않다. 어떻게 하면 용서를 쉽게 할 수 있을까? 바로 자기가 용서받았던 경험을 떠올려보는 것이다. 큰 잘못을 저질러서 호되게 야단맞을 줄 알았는데 부모님께 용서 받은 적이 있다면 그 경험을 떠올려보자. 우리가 용서 받았을 때의 기쁨과 고마움을 떠올린다면 똑같은 것을 남에게 베풀어 주는 것이 얼마나 큰 선물인지 알게 될 것이다.

▶ 활동 ❶ 용서의 편지 쓰기

누군가를 용서하는 편지를 써보자. 이 편지의 핵심은 '진심'에 있다. 진심으로 용서하는 마음을 담아야한다. 일정한 형식은 없지만 아래의 내용들로 구성되면 좋을 것 같다.

1) 왜 이 편지를 쓰게 되었는지에 대한 이유 :

2) 잘못을 저지른 사람이 본인에게 한 행동들 :

3) 그 행동들이 나에게 미친 영향 :

4) 그 사람이 그런 행동을 한 이유 :

5) 상대방의 행동들로 본인은 얼마나 화가 났었는지 :

6) 그런 것들을 이제는 용서하는 표현 :

7) 상대에게 고마워하는 것이 있다면 어떤 것인지 :

8) 그들의 현재와 미래에 좋은 기원을 해주기 :

◆ 과제 ❶ 용서편지 쓰기

1. 용서편지를 쓰면서 가장 힘들었던 점이 있다면?
_____
_____
_____
_____

2. 용서편지를 쓰고나서 느낀점은?
_____
_____
_____
_____

12

인생설계–
행복한 인생 마스터플랜

**목표는
가능한 구체적이고
의미가 있는 삶을 살아가는 가이드가 되도록
해야 한다.**

■ **생각 ❶** 미래에 가장 하고 싶은 일은?

■ **생각 ❷** 내 묘비에 새기고 싶은 문구는?

★ 알아두기 ❶ 대기만성(大器晚成)

대기만성이란 《노자(老子)》 41장에 나온 말로 도(道)를 설명하는데 "아주 큰 사각형은 귀가 없고(大方無隅), 큰 그릇은 늦게 이루어진다(大器晚成). 아주 큰 소리는 들을 수 없고(大音希聲), 아주 큰 형상은 모양이 없다(大象無形). 왜냐하면 도는 항상 사물의 배후에 숨어 있는 것이므로 무엇이라고 긍정할 수도, 또 부정할 수도 없기 때문이다."라고 하였다는 구절에서 유래되었다. 원문의 만성(晚成)이란 아직 이루어지지 않았다는 말로, 거의 이루어질 수 없다는 뜻이 강하다고 볼 수 있다. 하지만 요즘은 늦게 이룬다는 뜻으로 더 많이 쓰이고 있는데 다음의 일화에서 유래한다.

삼국시대 위(魏)나라에 최염(崔琰)이라는 이름난 장군이 있었다. 그에게는 최림(崔林)이라는 사촌동생이 있었는데, 외모도 빈약하고 출세가 늦어 친척들로부터 멸시를 당하였다. 하지만 최염만은 그의 재능을 꿰뚫어 보고 이렇게 말하였다. "큰 종이나 큰 솥은 그렇게 쉽사리 만들어지는 것이 아니다. 그와 마찬가지로 큰 인물도 성공하기까지는 오랜 시간이 걸리는 법이다. 내가 보기에 너도 그처럼 대기만성형이다. 좌절하지 말고 열심히 노력해라. 그러면 틀림없이 네가 큰 인물이 될 것이다." 과연 그의 말대로 최림은 후일 천자를 보좌하는 삼공(三公)에 이르게 되었다. 오늘날에는 나이 들어 성공한 사람을 가리키는 말로 흔히 사용되고 있다.

자신의 현재의 모습을 100%로 긍정하고 미래의 모습을 상상해 보라. 무한한 가능성에 놓여져 있는 모습은 우리 모두가 규정할 수 없는 큰 그릇이 될 수 있는 잠재력을 가지고 있는 것이다. 그 잠재력을 현실로 구체화 할 수 있는 것이 바로 목표를 설정하는 것이다.

▶ **활동 ❶ 인생 바라보기 명상**

지금 여기에 앉아 있는 나는 누구입니까? 태어나고 자라고 관계를 형성하고 배움을 통해 성장하고 있는 나는 누구입니까? 또 나는 어디를 향해 걸어가고 있습니까? 각자가 걸어 온 길을 살펴봅니다. 그리고 앞으로 걸어가야 할 길을 살펴봅니다.

몸의 긴장이나 불편은 내 쉬는 숨에 편안해 지도록 천천히 내쉽니다. 불편과 긴장은 내 쉬는 숨과 함께 사라지고 편안해 집니다. 숨을 천천히 코로 들여 마시고 내 쉬면서 호흡이 들어오고 나가는 것을 관찰합니다. 태어나기 전 나는 어디에 있습니까? 숨을 깊게 들이마시면서 살펴봅니다. 숨이 들어옵니다. 숨을 내쉬면서 각자의 몸을 느껴봅니다. 숨을 내 쉽니다. 온 몸을 느끼면서 나는 숨을 마십니다. 온 몸을 느끼며 나는 숨을 내 쉽니다.

숨이 들어 올 때 들어오는 것을 알아차리고 나갈 때는 그냥 나가는 것을 알아차리기만 하면 됩니다. 5살 때 모습을 떠올려 봅니다. 10살 때 모습을 떠올려 봅니다. 15살, 20살, 25살의 모습을 봅니다. 그리고 앞으로 걸어갈 미래의 여러분의 모습을 떠올려 봅니다. 가장 행복한 순간의 모습의 어떤 순간입니까? 그 모습이 잘 떠오르나요? 숨을 깊고 편안하게 들이마십니다. 그 행복을 느껴보세요. 그리고 세상에서 가장 편안하고 행복한 당신의 얼굴을 보세요. 숨을 깊고 천천히 내쉽니다. 그 행복의 모습과 느낌을 마음에 담고 천천히 눈을 뜹니다.

● 이야기 ❶ 내 인생의 목표

긍정심리학자인 소냐 루보머스키의 이론에 따르면 목표를 추구할 때 얻어지는 6가지 유익함과 행복감을 말하고 있다. 목표를 정하고 그것들을 구체화하는 작업들을 반복적으로 하다보면 자신이 진정으로 하고 싶은 일, 자신만의 우선순위, 감정, 동기, 정체성들을 더 쉽게 찾아 삶의 방향 등을 조망하는데 큰 도움이 된다.

목표는 가능한 구체적이고 의미가 있는 삶을 살아가는 가이드가 되도록 정해지도록 해야 한다. 먼저 1년 후와 5년 후의 내가 있을 장소, 사람, 환경, 하고 있는 일과 느낌을 구체적으로 기록하도록 한다. 10년 후 내가 닮아 있을 나의 롤 모델을 정하고 인물에 대한 묘사와 나의 특징 정도를 같이 설명한다. 20년 후 나의 취미와 취미를 통해 나는 어떤 삶을 살고 있는지 설명한다. 30년 후에 내가 가장 자랑하고 싶은 행복과 이유, 느낌을 기록한다.

● 이야기 ❷ 바라보기의 힘

양자물리학자들은 세상을 구성하고 있는 가장 작은 물질을 미립자로 규정하고 있다. 실험자가 미립자를 입자라고 생각하고 바라보면 입자의 모습이 나타나고 물결로 생각하고 바라보면 물결의 모습이 나타나는 현상을 "관찰자 효과"라고 부른다. 이것이 만물을 창조하는 우주의 가장 핵심원리이다. 미립자는 눈에 보이지 않게 존재하다가 내가 어떻게 반응하고 보는가 하는 마음에 따라 그 모습을 현실로 드러낸다.

우주는 무한한 가능성이 있는 곳이지만 내가 보는 대로 원하는 데로 세상은 내 앞에 전개 된다는 것이다. 하버드 대학의 크리스타키스 교수가 32년간 12,000명을 추적해 본 결과 친한 친구가 뚱뚱하면 나도 뚱뚱해질 가능성이 무려 3배나 높아졌다고 밝히고 있다. 이것은 우리가 자주 바라보는 이미지 대로 변화해 간다는 것을 보여 주는 것이라고 말하고 있다.

★ 알아두기 ❷ 바라보기를 이끄는 4가지 키워드

바라보기를 이끄는 4가지 키워드가 있다.

첫째, 신(믿음) – 자신의 인생지도를 사실로 받아들이고 확신하라. 믿음은 어떤 일을 해결해 갈 수 있는 결정을 내릴 수 있는 힘이다.
둘째, 분(분발)– 스스로에게 동기를 부여하고 격려하며 자신감을 갖고 추진할 수 있는 힘이다.
셋째, 의(의문)– '과연 내가 생각하는 것이 이루어질까'라며 의심하는 것이 아니라 지금 내가 알고 있는 것도 다시 생각 해보는 질문으로 만나는 새로운 발견의 힘이다.
넷째, 성(정성)– 꾸준히 쉬지 않고 실천해 가는 것이 가장 큰 힘이다.

◆ **과제 ❶** 행복한 인생지도 만들기

1. 행복한 인생을 위한 나만의 다짐
    - 행복한 인생을 만들기 위한 좋은 습관이나 다짐
    - 구체적이고 명확하게 기술

2. 인생의 롤모델은 누구인가?
    - 삶을 이끌어주는 멘토와 그 이유를 적는다.
    - 멘토의 모습은 곧 내가 되고자하는 모습이다.

3. 연차별로 무엇을 하고 있을지 구체적으로 적는다.
    - 모든 목표지점은 '~~할것이다'가 아닌 '~~하고있다'로 기술한다.

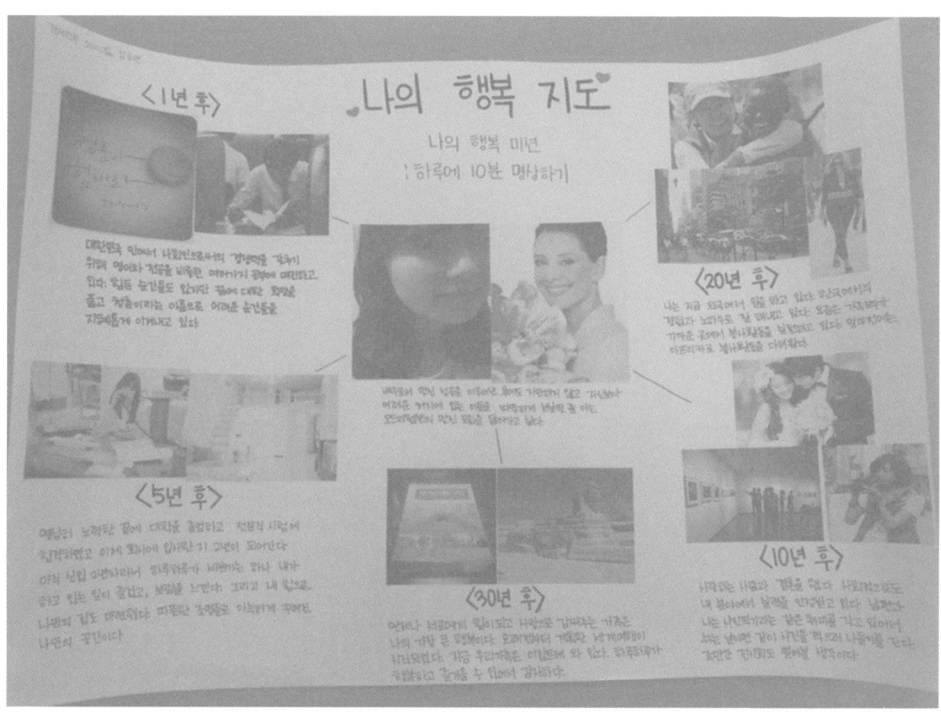

◆ **과제 ❷ 더 나은 나를 위하여**

행복은 자신을 스스로 조각해나가는 모든 과정 속에 담겨져 있다. 그 과정에서 넘어지고 채일 수도 있지만 그럴 때마다 내 삶의 마지막을 생각하며 다시 시작한다면 결코 포기하지 않을 수 있다. 내 삶의 마지막에 찾아와 준 사람들이 나에 대해 어떤 이야기를 할까를 생각해보며 자신의 삶을 조각해보자. 사람다움의 가치가 무엇인지 그것을 실현한다는 것이 어떤 의미가 있는 것인지 스스로 답을 찾아보자.

「마음과 행복」강의는 이 질문에 대한 답을 찾아가는 하나의 과정이었다. 그 답을 찾았을지 모르겠지만 적어도 한번쯤은 고민해봤을 것이다. 한가지 확실한 것은 나 자신의 책임자는 바로 나라는 사실이다. 이것만 확실하게 인지한다면 행복을 어디에서 찾아야할지 이제 보일 것이다.

내 인생의 이야기를 적어보자. 이제까지 어떻게 살아왔는지 그리고 이제부터는 어떻게 살아갈지…

행복은
어쩌면 우리의 삶과 언제나 함께 하고 있었을지도 모른다.

그런데 우리는
특별한 행복을 찾아 너무나도 멀리 떠났지 않았을까?
지금 이 순간 이 자리에서
내 마음 속 행복을 느껴보자.

마음과 행복

발행일 | 2022년 3월 2일
지음 | 고시용, 박성호, 허종희
엮음 | 원광대학교 마음인문학연구소

디자인 | 원광사, 봄오소
인쇄 | (주)문덕인쇄

출판 | 도서출판 마음공부
출판등록 | 305-97-00392 (2018.01.01.)
주소 | 전라북도 익산시 익산대로 463 (3층)
전화 | 070-7011-2392
ISBN | 979-11-974429-2-6
값 | 7,000원